歎異抄に何を学ぶのか

宮城 顗
MIYAGI SHIZUKA

歎異抄に何を学ぶのか　目次

第一章　今の世にあって真宗とは

・本文中の聖典引用は、二〇二四年四月東本願寺出版発行の『真宗聖典 第二版』に依ります。
・「真聖全」は、大八木興文堂発行の『真宗聖教全書』を指します。

第一章

今の世にあって真宗とは

社会の色々な分野にあってあらわになってきている問題。いったい人間は、人間社会はさらにいえば地球そのものはどうなってゆくのか、いいしれない不安やおそれを感じずにはおれません。この現実にあって、人間としてともに生きていこうと願うとき、親鸞聖人がその生涯をとおしてあきらかにしてくださった真宗の教えは、私たちに何を説きあかし、語りかけてくださるのか、ともに聞きとり、たしかめあっていきたいと願っております。

テーマについて　宮城　顗

一　「歎異」の心

教えに遇う

これから、『歎異抄《たんにしょう》』に学んでまいりますが、この書のお言葉を文に沿ってお話しさせていただくということよりは、常に『歎異抄』に依りながら、現代の問題、この時代社会に生きている私どもが出会っているさまざまな問題というものが、どのように受け止められ、生きていけるのか。そのことを少しでもお話しできればと思っています。

まず、『歎異抄』という題の「歎異」という言葉について、いつも思い出すことがあります。それは、私の親友の一人がドイツの哲学者ニーチェを中心に勉強しておりまして、大学院時代に留学生としてドイツに行きましてから半分以上はドイツに住んでいます。その彼が、ある時、一念発起して、『歎異抄』を独訳して、ドイツの方々に読んでもらいたいと、現地の友達に協力を頼んで、翻訳にかかったのです。

そうしたら最初から壁にぶつかってしまったそうです。ドイツの友達でカトリック教徒の方が、まずこの『歎異抄』という題の意味を聞いて、「何だそれは」ということになったわけです。正しい信心の領解ができずにそれを誤って受け止めている、その異義に対して歎《なげ》くとは何事だと。間違っているのなら積極的にそれを正し、ある場合にはそういう人たちを否定していかなければならん。それを自分のところで歎いていると、そんなことでどうするんだと。そういう疑問が出されまして、そのことを納得してもらうまでに大変だったという話を聞きました。

キリスト教では、教えに反するような在り方は徹底してこれを批判していくということがあるわけです。そういうカトリックの方の感覚からすれば、「歎異」という言葉は何とも弱々しい題ではないかと、こういうことが言われたそうです。

親鸞聖人《しんらんしょうにん》（一一七三～一二六二）のひ孫に当たります、本願寺第三代の覚如上人《かくにょしょうにん》（一二七〇～一三五一）の著作に『改邪鈔《がいじゃしょう》』という書物がありますが、「邪を改める」と言うのですから、こちらはなかなか元気がいい題です。そのように「改邪」という言い方ならばわかるが、なぜ「歎異」という言い方がされているのか。なぜ「改邪」というように積極的な名のりがされていないのかということが、まずそこに問われるわけです。「改邪」という場合、これはもちろん他の人の上に邪を見るわけです。つまり過《あやま》ちを見る。そして、その過ちを批判し正すのが自分の使命だと、そういう名のりです。その時には当然のことですけれども、自分自身は教えを正しく受け止めていると。自分が正の側に立たなければ改邪ということは出てきませんね。ですから、「改邪」という時は必ず自分は正しいという側に立って、そして他の過ちを批判し正し改めていくと、こういう姿勢になっていくわけです。

しかし、教えに遇《あ》うということは、ただ教えに説かれてある道理というものが納得いくようになると、そういうことなのか。そうでなくて、少なくとも親鸞聖人は、教えによって初めて自分自身が明らかに知らされたということです。ですから徹底して、自分は教えを正しく受け止めているなどとはおっしゃっていないのです。

親鸞聖人の主著、『教行信証《きょうぎょうしんしょう》』という書物の「信巻《しんのまき》」、正しい信心を顕《あき》らかにする、信心を吟味されるところで出される有名なお言葉があります。悲歎述懐《ひたんじゅっかい》と言われる言葉です。

誠《まこと》に知《し》りぬ、悲《かな》しきかな、愚禿鸞《ぐとくらん》、愛欲《あいよく》の広海《こうかい》に沈没《ちんもつ》し、名利《みょうり》の太山《たいせん》に迷惑《めいわく》し

て、定聚《じょうじゅ》の数《かず》に入《い》ることを喜《よろこ》ばず、真証《しんしょう》の証《しょう》に近《ちか》づくことを快《たの》しまざることを、

恥《は》ずべし、傷《いた》むべしと。

（聖典第二版二八五〜二八六頁）

「誠に知りぬ」と、つまり教えに遇い、今、本当に身に沁みてわかったということです。「定聚」というのは、まさしくその仏法《ぶっぽう》の世界に生きることに定まった輩《ともがら》ということですから、その道に定まった輩の一人になること。その数に入ることを「喜ばず」と。

真の信心の世界というものをわが身に明らかにされていく、そういう「真証の証に近づくことを快まざることを、恥ずべし、傷むべし」、と。このように教えに照らされて初めてわかった、自分自身の姿というものを悲歎されているわけです。

そして、さらに「愚禿悲歎述懐《ぐとくひたんじゅっかい》」と呼ばれる和讃《わさん》がありますが、その最初のところに、

浄土真宗《じょうどしんしゅう》に帰《き》すれども

真実《しんじつ》の心《しん》はありがたし

虚仮不実《こけふじつ》のわが身《み》にて

清浄《しょうじょう》の心《しん》もさらになし

（聖典第二版六二二頁）

どれだけ真実の法に帰したといっても、それで自分が真実の在り方を直ちに成就しているのか。振り返ってみれば、「真実の心」は有《あ》ること難《かた》しです。「虚仮不実のわが身にて

清浄の心もさらになし」、常に我執《がしゅう》、エゴに覆われているということです。それから、

外儀《げぎ》のすがたはひとごとに
賢善精進《げんぜんしょうじん》現《げん》ぜしむ
貪瞋邪偽《とんじんじゃぎ》おおきゆえ
奸詐《かんさ》ももはし身《み》にみてり
（同前）

外に現れている姿は、それぞれ一人ひとりが「賢善」、賢く善いとありますが、要するにその教えをひたすら身に生きているような、そういう姿である。しかしその実は「貪瞋邪偽」、貪《むさぼ》りの心と瞋《いか》りの心、そして邪《よこしま》で偽《いつわ》りが多いために、「奸詐」もまた邪とか狡《ずる》い、それから偽《いつわ》る、欺《あざむ》くという意味です。それが「ももはし（百端）」、要するにたくさん身に満ちていると。さらに続けて、

悪性《あくしょう》さらにやめがたし
こころは蛇蝎《じゃかつ》のごとくなり
修善《しゅぜん》も雑毒《ぞうどく》なるゆえに
虚仮《こけ》の行《ぎょう》とぞなづけたる
（同前）

「蛇蝎」はへびとさそりです。いろいろ教えに遇って、それなりに善根《ぜんごん》は積んでいるけ

れども、その根性が「悪性さらにやめがたし」ですから、その修善もすべてが「虚仮の行とぞなづけたる」と。徹底して教えに照らされる時、自分自身の偽り多き姿を知らされてきたと、そういうことがそこにはあります。

経典について

これはよく申し上げることですが、聖人の師である法然上人《ほうねんしょうにん》（一一三三～一二一二）がひたすらその教えを学ばれました中国の善導大師《ぜんどうだいし》（六一三～六八一）という方が、経典《きょうてん》、経というものの意味を表しておられます。その時に二つの譬《たと》えによって説明されています。一つは、

経《きょう》と言うは経《けい》なり。経能《よ》く緯《い》を持《たも》ちて、匹丈《ひつじょう》を成ずることを得て其《そ》の丈用《じょうゆう》有り。
（『観経疏』「玄義分」真聖全一・四四五頁）

「経《けい》」というのは、東経何度とか言うのと同じで、縦《たて》ということ。縦線《たてせん》、縦糸《たていと》です。「緯」というのは緯度、つまり横線、横糸。ですから縦糸がよく横糸をたもつということです。

つまりこれは布を織る機《はた》の話です。機織《はたお》りの機。布を織る時に大事なことは、まず縦

糸をしっかりと正しく張ることだそうです。縦糸がしっかり張れていないと、どれだけ横糸を渡してもグニャグニャになって良い布に仕上がらない。だからまず縦糸をしっかり張る。その時の横糸が、この場合は日常体験と言っていいかと思います。毎日私たちは横糸を渡しているわけです。もう七十年以上、私も横糸を渡してきました。横糸を毎日毎日渡していているのですけれども、それを受け止める縦糸がなかったら、すべてはただ積もっていくだけ、つまり思い出が残るだけなのです。

では、縦糸とは何かと言ったら、具体的には、私の一生、生死《しょうじ》を貫く縦糸です。私どもも人間は必ず死を迎えるわけですし、そういう死すべきいのちを生かされているわけです。ですから、本当に生きるためには、そういう生死していける道が見出せなければ、結局何十年横糸を渡してもすべてが空しく消えてしまう。その人生は文字どおり空しく過ぎたということになってしまう。そこに、生死を貫いてすべての体験が受け止められる、そういう筋、縦糸がはっきりする。それが経典ということの大きな意味なんだと。

経典とは、一人ひとりそこに自らの生死を貫く縦糸を見出す。その時初めて毎日の生活というものが一つの作品になるわけです。「匹丈」の匹というのは、一匹二匹と、反物《たんもの》を数える時の単位です。それから丈も布の長さを測る時の単位ですから、匹も丈も布を測る単位の言葉で布そのものを表しているわけです。つまり、そこに布が織り上がるということです。すなわち、その人生が一つの表現を持つ。生死していくその人その人の人生が一つの表現を持ち、一つのはたらきをこの世に残していく。そういう意味がそこに初めて成り立つ。その意味で経典というのは、縦糸であり、縦糸があって初めて毎日の生活が受け止められ、その人生そのものが一つの表現、はたらきを持つ。こういうようにおさえておられます。

それと同時に、善導大師は経典ということを、

経教《きょうきょう》は之《これ》を喩《たと》うるに鏡の如《ごと》し。

(『観経疏』「序分義」真聖全一・四九三頁)

と、おっしゃっています。経典というのは、私のありのままを明らかに映し出してくださる鏡だと。経典を読むことをとおして自分自身を初めて知らされる。私どもは自分の思いで自分というものをいろいろに飾ってみたり、自惚《うぬぼ》れてみたり、あるいは、劣等感に陥《おちい》ったり、一喜一憂しつつ生きているわけですけれども、教えの前に身を据《す》える時初めて、一人の人間としての自分の真実、その姿が明らかに教えられる。

そして、教えに照らし出されることをとおして、自分が本当に求むべきものが何であるのか。どんな人にもそのいのちが尽くしていくべき使命が願われてあることを知る。です

から自分を知るということは、自分に願われてあるそういう使命を知るということなのでしょう。ただ個人的に「ああ、自分ってこんなもんか」ということではないですね。何を願うべきか知らされてくる。それが経典というものだと。

つまり、その教えに深く出遇っていくということは、いよいよ自分というものを深く知らされるということ。そして、同時にそういう自分を明らかに知らせてくださるその法のはたらき、教えのはたらきというものに目覚めていくということですね。

これもよくご紹介するのですが、親鸞聖人がその教えを深く学ばれました中国の曇鸞大《どんらんだい》師《し》（四七六～五四二）という方がいらっしゃいます。その曇鸞大師の文章の中に次のような有名な譬えがあります。

「蟪蛄《けいこ》、春秋《しゅんじゅう》を識《し》らず。伊虫《いちゅう》、豈《あ》に朱陽《しゅよう》の節《せつ》を知《し》らんや」と言《い》うが如《ごと》し。知《し》る者《もの》、之《これ》を言《い》うならくのみと。

（『教行信証』信巻・聖典第二版三一四頁）

「蟪蛄」というのはツクツクボウシ、蝉《せみ》のことです。蝉というのは夏に生まれて夏に死ぬ、夏の虫ですから、春や秋を知らない。すると私たちはふと、それなら夏のことは知ってるだろうと思ってしまう。それに対して、この虫（伊虫）がどうして、夏（朱陽の節）のことを知るだろうか、と。知っているはずがないということです。春や秋を知らないこの虫が、どうして夏という季節を知っていようかと。

つまり「知る者、之を言うならくのみ」、夏という季節の意味がわかるのは、四季を知っている人だけであって、まったく夏しか経験していない者が、夏とはどういう季節なんだということはわかるはずがないということを曇鸞大師がこういう言葉で表しておられます。

つまり、自分がどういう存在かと知るということは、世界に目が開かれて初めてわかってくるのでしょう。またいろんな人に出会って、人間という存在に出会っていくことの中で、自分というものを見つめ直させられていく。自分を自分の思いでどれだけいじくり回していましても、自分というものは見えてこない、わからない。そのように、常に全体に目が開かれた時に、仏教の方で言う「分限《ぶんげん》」がわかる。一つの限界をもって、いろんな制約の中に生きているもの、そういう自分の分限というものが初めて知らされてくるのであって、世界に目が開かれるということなしに、分限を知るなどということはあり得ないのです。

ですから、経典をとおして教えに遇う時、初めてそこに自分を知り、同時に自分を照らし出してくださっている法の世界に目覚めるということが起こるわけです。そういう法のはたらきと、そして身の事実、そのことが同時に知らされてくるということが教えられています。

「異」を自身に見る

ですから、「歎異」という言葉は、「異」というものを外に見ているわけではないのです。「あの人たちは考えが間違っている。信心が異なっている」と、周りの人の上に異義を見ているのではなくて、実はこの『歎異抄』の「異」というのは、もっと根本的に自分自身の中に異なるものを見ているということがあるわけです。異義、その信心のごとくにない、その教えのごとくに在り得ない、そういう自分というものをいよいよ深く知らされるのです。

『歎異抄』は、大きくは二つに分かれています。前半の第一章から第十章までが「師訓《しくん》篇」、師訓という言葉でおさえられています。つまり、唯円《ゆいえん》という方が、耳の底に残っている親鸞聖人の教えをあらためてそこに明らかに掲げて、その前に身を据えて書かれています。

そのうえで、後半の第十一章から第十八章までが「歎異篇」と言われ、文字どおり親鸞聖人の仰《おお》せに抗《あらが》うことを主張する異義を悲歎する唯円の言葉が述べられているのです。

実は後半の「歎異篇」に入る手前の第九章のところに、「念仏《ねんぶつ》もうしそうらえども、踊《ゆ》躍歓喜《やくかんぎ》のこころ、おろそかにそうろうこと」（聖典第二版七七〇頁）とあります。念仏をどれだけ申してみても、少しも踊躍歓喜の心が起こってこないと、ちっとも喜べないという唯円自身の悲歎が、第九章の書き出しの言葉なのです。

それは何も、いろいろ言われるからそれならばちょっと言ってみるかと、試みにナンマンダブツと言ったと、そういうことではありません。第一章ではいわば詩《うた》のような、一切の説明の言葉抜きに親鸞聖人によって顕らかにされた仏法の世界、本願の世界がうたわれ、第二章からはずっといろんな問題をとおして念仏の心、念仏者としての歩みということが説かれてくるのですが、その念仏者としての歩みの全部を受け止めたうえでの「念仏もうしそうらえども」です。念仏もうすということに生涯を懸けた、そのはずなのに、「踊躍歓喜のこころ、おろそかにそうろうこと」と。これはまさに異なることです。このほかにないと思い定めているはずなのに、心の底から喜びが湧いてこないと、これは一体どういうことなんだという、深い驚きでしょう。念仏に遇いながら念仏が喜べないというのは、まさに異なった心と言わざるを得ないわけですが、それを唯円という方が直接親鸞聖人にぶつける。「教えをいただいて今日まで念仏もうしてきました」と。「けれども一向に喜びが湧かない、一体これはどうしたことでしょう」という呻《うめ》きですね。

それに対して親鸞聖人が「自分もそうだ」と。「あなたもそうか」と受け止めてから、そこに言葉が続けられるわけですが、そうしてみますと、『歎異抄』の「異」というのは、第十一章から後の、外に異を見るということではない。その前に自分自身の中に異を見ている。そうするとその事実に深く頭を下げる、そこに深い悲しみがあります。悲歎です。ここに親鸞聖人が言われている、悲歎述懐があります。そういう悲歎の心をそこに深く生きられている。

ですから『歎異抄』というのは、ただ「あの人たちの考えが間違っておるんだけどなあ」と、何か他人の異なる姿を見て歎いていると、そういう話ではない。そうではなくて、自分自身の中に異なるものを見出し、そこにわれひと共にその在り方を深く悲しみ、その悲しみのゆえにいよいよ本願の教えに聞き直していこうとする、そういう心が表されているのが『歎異抄』でしょう。実は「改邪」という言葉よりももっと深く、人間というものを、自己というものを見つめられた、そういうところから表されている文章だと。そのことが「歎異」という言葉で表されているのです。

答えの側に立つ時

実は私どもが今日、本当に呼び覚まされなければならないのは歎異の心でないかと感じます。歎異の心は自らの中に異義を見出す心であり、したがって決して自らを正義の側に立てない。そういう心、姿勢というものが、この『歎異抄』という書物の題名に凝縮されてあるように思うわけです。そこに深く人間の事実、わが身の事実を見つめていく眼《まなこ》があるということを感ずるのです。

自分の中に異義を常に自覚していく、そういう在り方は、実はあらゆる生活の面において大事なことだと思われるのです。以前、テレビである芸能人が教育の問題についてお話ししていました。その中で、実は自分の連れ合いも子供に向かって「勉強せい、勉強せい」と言うと。それでその人は、「あんたは子供の時分勉強好きやったか」と聞いた。そうしたら、「嫌いだった」と。「そうだろう。そしたら、それを忘れずにおこうな」と、話の最後にこうおっしゃっていました。けど現実には私どもは、常にそういうものはまったく忘れて、子供を勉強へ勉強へと駆り立てる。どんなに自分が嫌だったか、そういう感覚はとうに忘れてしまっていると。もちろん親として、子供に人間としての勉強をしてもらわなければならないわけですから、「もう勉強したくなければせんでええよ」と言うわけにはいきません。やはり何とか、それぞれの道で勉強を続けてもらわなければなりません。ただしかしその時に、勉強が嫌いであった自分自身の、その子供の時の思いというものを常に心に刻んでいると、同じ勉強しなければという言い方一つにしても、自ずと表現が違ってくる。ただ頭から「何しとる、勉強せんか」と、こういう言い方でなく、したくない心を受け止めながら、「しかしな」と。したくないという心は十分わかる、しかしまた同時に勉強してこなかったためにどれだけ空しく、自分の人生を無駄に過ごしてきたかと、その悲しみも同時に私どもは知っているわけですから、やはりそこのところで自ずと、その子供に接する態度というものも変わってくるでしょう。何かすべてにおいて私どもは、いつの間にか答えの側に立ってしまう。親としてもまったく自分に問いを持たず、子供に上からものを言う。学校の先生もそうですし、まして私ども衣を着ている者の場合、常にそういう過ちを犯してしまっています。

曽我量深《そがりょうじん》先生が、「いつも答えの側に立ってしまう今の僧侶は駄目だと思います」ということをおっしゃっていました。つまり問いを忘れていると。その問いはただ教義《きょうぎ》に対する問いだけではない、自分への問いです。その自分への問いを失って、教えを自らの答えのごとくに振り回してしまうということでしょう。

その意味で、安田理深《やすだりじん》先生からいつも言われていたのは、本当に〝学問〟をしろということです。現在の学びは全部答えを学ぶことになっている。いかに多くの答えを身につけるか、答えをたくさん身につけることが何か偉《えら》くなることのように思っている。そうではない。人間としての問いをいかに深く問うていくのか、本当に問うべき問い、それが何か、その問いを学ぶことなんだということです。そういうことをあらためて思います。ですからその歎異の心というものは、おおよそ人間としての生活において、本当の基本的な姿勢というものを教えてくださっているように感ずるわけです。

凡夫の身の事実から

聖徳太子《しょうとくたいし》（五七四～六二二）がおつくりになったと伝えられる『十七条憲法』の第十条に、

我《われ》、必《かなら》ず聖《ひじり》に非《あら》ず。彼《かれ》、必《かなら》ず愚《おろ》かなるに非《あら》ず。共《とも》に是《こ》れ凡夫《ただひと》ならくのみ。是《よ》く非《あしき》の理《ことわり》、詎《たれ》か能《よ》く定《さだ》むべけん。（聖典第二版一一五七頁）

と、こういう言葉が置かれています。私どもはお互いに、是非、それから賢さと愚かさ、あらゆる面を自分の中に持っている。同時に周りの人もまたそれぞれにそういう心を深く生きていて、決してあの人たちはけしからん、誤っていると言い切れるものではない。俺は絶対間違いないと言い切れるものでもない。そこに「共に是れ凡夫ならくのみ」と言って、「是・非の理、詎か能く定むべけん」と。「どうしてよく定めることができるであろうか」と言われています。こういう言葉はそのまま今日の世界の情勢の中で、本当にもう一度噛みしめなければならないように私は思います。

今は自分を問い直すことなしに、「我に正義あり」と言いつのり、その時には他の存在を徹底して否定していく。テロの問題にしても、なぜテロに人が走るのかというその原因の方を少しも問わずに、いかにテロに相対するかということばかりが取り沙汰される。何かそういうところに私どもの、人間としての愚かさがあります。そこに、「共に是れ凡夫ならくのみ」と。その「凡夫」という自覚、ここに親鸞聖人が深く生きられた精神があります。

これは『一念多念文意《いちねんたねんもんい》』という文章に書かれてあります親鸞聖人のお言葉ですが、まず、

「凡夫《ぼんぶ》」は、すなわちわれらなり。本願力《ほんがんりき》を信楽《しんぎょう》するをむねとすべしとなり。

（聖典第二版六六七頁）

と、この私たちのことだと。凡夫と呼ばれるような愚かな者がどこかにいるということではない、この「われら」を表す言葉だと。そして、ある意味でくどいような表現ですが、「凡夫《ぼんぶ》」というは、無明煩悩《むみょうぼんのう》われらがみにみちみちて、欲《よく》もおおく、いかり、はらだち、そねみ、ねたむこころ、おおく、ひまなくして、臨終《りんじゅう》の一念《いちねん》にいたるまで、とどまらず、きえず、たえず　（同前）

と、そういう者として自らを知らされたということです。そして、そのような在り方を悲しむ深い心において誓われてきているのが本願なんだということです。

私どもが凡夫の事実に呼び帰される時に、初めて本願の心に触れるということが私の上に起こってくるんだ、ということを繰り返し教えられているわけです。そこに「無明煩悩」と言われています。無明とは、何もわからないということでは決してありません。逆ですね。何でもわかったことにしている愚かさです。何に対しても「あれは、ああいうことだ」と、「これは、こういうものだ」と、本当には出会うことなしに、わかったことにして決めつけてしまう。そしてわかったことにした時、必ずそのものから心は離れていくわけです。子供に対しても、「子供のことは自分が一番よくわかっている」と言った時は、もう子供の心をあらためて尋ねようとはしなくなる時です。そのようにわかったことにする、何にでも答えを持っているということが、いかに私たちの心を頑《かたく》なものにしていくか。真実に今一度尋ねていく、そういう心が失われているのを無明と教えられています。

そして、煩悩というのは、親鸞聖人はまことに明快と言いますか、簡明に、煩《ぼん》は、み（身）をわずらわす。悩《のう》は、こころをなやますという。（聖典第二版六七八頁）と『唯信鈔文意《ゆいしんしょうもんい》』でおっしゃっています。つまり、煩悩というのは私の心のはたらきなのですが、その私の心が、私の身と心を煩《わずら》わし悩ませる。私の中に私を煩わせ悩ませるはたらきが私を覆っているということですね。言うならば私の思いを破って現れてくる私の在り様です。

ですから煩悩を深く知るということは、自分で自分の身体《からだ》、自分の心一つがどうにもならないという、そういう事実を知らされることでしょう。しかもその私は、周りの人が私の思うようにならないことに腹を立て怒りを起こすということが常なわけです。そういう「無明煩悩われらがみにみちみちて」という、そこにはやはり自らを見つめる親鸞聖人の深い眼というものがあるかと思います。

「歎異」とは、実はそういう凡夫としての自覚において、そこにわれ、ひと共に教えにもう一度出遇い直そうとする、そういう願いが込められた言葉だと、こう言っていいかと思います。「改邪」、邪を改めると言えば非常に明快ですけれども、しかしそれは常に、われわれの煩悩において、いつの間にか自分を正義に立ててしまう。それに対して「歎異」という言い方で開こうとされている世界、そこに『歎異抄』を貫いて、やはり凡夫の自覚を親鸞聖人は語っておられたということが教えられるわけです。今日私どもが、今この社会で生きている中でもう一度考え直さなくてはいけない大事な問題が、実は「歎異」という言葉に込められてあると、そういうことを感じているわけです。

二　往生をとぐる
―歎異抄第一章―

歎異抄第一章

一　弥陀《みだ》の誓願不思議《せいがんふしぎ》にたすけられまいらせて、往生《おうじょう》をばとぐるなりと信《しん》じて念仏《ねんぶつ》もうさんとおもいたつこころのおこるとき、すなわち摂取不捨《せっしゅふしゃ》の利益《りやく》にあずけしめたまうなり。弥陀《みだ》の本願《ほんがん》には老少善悪《ろうしょうぜんあく》のひとをえらばれず。ただ信心《しんじん》を要《よう》とすとしるべし。そのゆえは、罪悪深重《ざいあくじんじゅう》・煩悩熾盛《ぼんのうしじょう》の衆生《しゅじょう》をたすけんがための願《がん》にてまします。しかれば本《ほん》願《がん》を信《しん》ぜんには、他《た》の善《ぜん》も要《よう》にあらず、念仏《ねんぶつ》にまさるべき善《ぜん》なきゆえに。悪《あく》をもおそるべからず、弥陀《みだ》の本願《ほんがん》をさまたぐるほどの悪《あく》なきがゆえにと云々《うんぬん》

（聖典第二版七六七頁）

『歎異抄』の言葉の響き

『歎異抄』は、宗派とか思想を超えて多くの方が読まれているわけですが、作家の司馬《しば》遼太郎《りょうたろう》さんも戦争中に戦地に出かけられる前に、当時としてはもう生きて帰れるとは考えられないという状況の中で、死ぬ覚悟ができるような書物、言葉をいろいろと求められたようです。その中の一冊として『歎異抄』を読まれたのですが、ただ最初に読まれて、これはだめだと。こんなことでは死ねないと。そういうことを司馬さんは感じられたそうです。ところがある時にふっと声に出して読んでみた。そうしたら今まで目で読んでいた時とまったく違う印象と言いますか、響きが迫ってきて、こういう書物というのは声に出して読むべきものであったと教えられたということを書いておられます。その言葉の響きというものに身をひたすということ。それはただ耳で、あるいは頭で受け取るだけではなくて、それこそ身が感ずる。そういうことがそこに起こってくるということがあるようです。ですから、お話の前にまず第一章を音読いただきたいと思います。

それで、『歎異抄』の第一章というのは、ある意味で詩のような、説明の言葉が一切ない文章です。そしてまた第二章以下は、実は第一章をそれぞれの角度から取り上げ展開されているので、すべてが第一章に帰するというような意味があります。

親鸞聖人をめぐる「往生」

今回は特に、この『歎異抄』を貫く基本の言葉として、「往生」という言葉についてです。これは今の第一章の一行目に「往生をばとぐるなり」とあります。第二章にも「往生極楽のみち」「往生のみち」「往生の要《よう》」と、それから第三章、第六章、第九章と、そこに一貫して「往生」という言葉が根本の問題を表す言葉として置かれています。言わば往生をとぐるということが、親鸞聖人が顕らかにされた救いを表す言葉であるわけです。その意味では親鸞聖人のご一生というものは往生という言葉に収められる。いろいろな体験があるのですけれども、そのすべてが往生という問題の一つを尋ねていかれた生涯であった。

ですから、第九章には「往生は一定《いちじょう》」とありますが、一つには歩みの根本の問題として往生ということが定まった、と。そういう意味と同時に、人生が往生の道として一定したと。そういう二つの意味がそこにはあるわけです。

ただ、今日では生活の中で、日常の言葉として往生という言葉がさまざまに使われてきている。ある意味で身近な言葉でもあると言えますけれども、そのことでかえって、混乱もしてきてしまっています。一般的な「往生」という言葉の受け止めとして辞書で見ますと、第一に、この世を去って他の世界に生まれ変わること。特に極楽浄土に生まれること、という定義があります。それから二番目には、文字どおり死ぬこと。それから三番目には、あきらめてじっとしていること。どうにもしようがなくなること。閉口。往生したよ、という言い方で使っています。大きくはこの三つです。真宗において教えられている「往生」ということとまったくかけ離れているというわけではありませんが、そういう意味がそこにおさえられるわけです。

そこで、まず『御消息集《ごしょうそくしゅう》』、『末燈鈔《まっとうしょう》』、これらは親鸞聖人のお手紙です。それから奥様の恵信尼公《えしんにこう》（一一八二～一二六八）のお手紙である『恵信尼消息』の言葉。それから『唯信鈔文意』というご聖教《しょうぎょう》の言葉。それぞれ親鸞聖人のお言葉をずっと読みますと、まったく「往生」の使い方が違うように読めます。

(1)『御消息集（広本）』第一通

親鸞聖人は京都に帰られた後、関東の御門弟の志《こころざし》によって生活をされながら、今日残されている御著作というものをひたすら書き継がれたわけですが、その京都からお出しになったお手紙に、次のようにあります。

明法《みょうほう》の御坊《おんぼう》の往生《おうじょう》のこと、おどろきもうすべきにはあらねども、かえすがえすうれしゅうそうろう。鹿島《かしま》・行方《なめかた》・奥郡《おうぐん》、かようの往生《おうじょう》ねがわせたまうひとびとの、みなの御《おん》よろこびにてそうろう。また、ひらつかの入道殿《どの》の御往生《ごおうじょう》とききそうろうこそ、かえすがえす、もうすにかぎりなくおぼえそうらえ。めでたさ、もうしつくすべくもそうらわず。おのおの、いよいよみな、往生《おうじょう》は一定《いちじょう》とおぼしめすべし。

（聖典第二版六八七頁）

「明法の御坊の往生のこと」、明法坊とは板敷山《いたじきやま》の弁円《べんねん》という名前で知られていますね。初め親鸞聖人を殺そうと待ち伏せしながら、ついに志を果たさず、最後に聖人に直接会いに行って、その姿に感動して教えを聞くようになったと言われています。そして親鸞聖人がおくられた法名《ほうみょう》が明法坊というお名前であったのです。その明法坊が「往生のこと」という、これは明らかに亡くなったということで使われています。「おどろきもうすべきにはあらねども、かえすがえすうれしゅうそうろう。鹿島・行方・奥郡、かようの往生ねがわせたまうひとびとの、みなの御よろこびにてそうろう」。「往生」が死ぬことであると、そして亡くなったことを「うれしゅうそうろう」とおっしゃった。皆さんのお喜びでございましょうと。少しそぐわないような、そういう問題が残りますが、ともかく「ひらつかの入道殿の御往生」とともに事実としては亡くなったことを指して「往生は一定」とおっしゃっていると読めます。

(2)『末燈鈔』第二通

次に、親鸞聖人が有阿弥陀仏《うあみだぶつ》というお方に送られたお手紙の最後の文ですが、

この身《み》は、いまはとしきわまりてそうらえば、さだめてさきだちて往生《おうじょう》しそうらわんずれば、浄土《じょうど》にて、かならずかならずまちまいらせそうろうべし。あなかしこ、あなかしこ。

(聖典第二版七四三頁)

こう書かれています。この「往生」も明らかに亡くなるという意味です。「さだめてさきだちて往生しそうらわんずれば」とありますから、私のほうが年老いているので、私の方が先に死ぬという意味でしょう。だから、「浄土にて、かならずかならずまちまいらせそうろうべし」と、おっしゃっています。

(3)『恵信尼消息』第三通

それから、恵信尼公、つまり聖人の奥様のお手紙です。これは京都で親鸞聖人の最期までずっとお世話をなさった娘の覚信尼公《かくしんにこう》(一二二四~一二八三)が、父である親鸞聖人が亡くなったということを母の恵信尼公に知らせられた、そのお手紙に対するご返事です。

昨年《こぞ》の十二月一日の御文《ふみ》、同二十日《はつか》あまりに、たしかに見《み》候いぬ。何《なに》よりも、殿の

御往生《おうじょう》、中々、はじめて申すにおよばず候う。（聖典第二版七五四頁）

二十日もかかって届いているわけですが、「中々」とはとてもとてもという。「はじめて」とは、いまさらにということですが、いまさらに言うに及びませんと、こういうように書かれています。これも親鸞聖人が亡くなったことを「御往生」とおっしゃっています。

(4)『末燈鈔』第一通

ところが、親鸞聖人の別のお手紙になりますと、

信心《しんじん》のさだまるときに、往生《おうじょう》はさだまるなり。（聖典第二版七三五頁）

つまり信心をうるということが往生をうるということだと、こうおっしゃっており、死んで往生するのではない。この世で信心を賜る。その意味で、「信心のさだまるときに、往生はさだまるなり」と書かれています。

(5)『唯信鈔文意』

それから『唯信鈔文意』には、

「即得往生《そくとくおうじょう》」は、信心《しんじん》をうれば、すなわち往生《おうじょう》すという。すなわち往生《おうじょう》すというは、不退転《ふたいてん》に住《じゅう》するをいう。不退転《ふたいてん》に住《じゅう》すというは、すなわち正定聚《しょうじょうじゅ》のくらい

にさだまるとのたまう御《み》のりなり。これを「即得往生《そくとくおうじょう》」とはもうすなり。「即《そく》」は、すなわちというう。すなわちというは、ときをへず、日《ひ》をへだてぬをいうなり。

（聖典第二版六七四頁）

そこに信心を得たその時、時を隔《へだ》てず日も隔てずに、直ちに往生する。そしてその往生するということは不退転に住するということだと。不退転に住するということは、簡単に言えば、自らの歩みにおいて、もはや後戻りとか横道にそれるということがない。その歩みを過ちなく歩み続けることに定まったのを「不退転に住す」と、おっしゃっています。どういう問題が起ころうと、どういう状態になろうと、自らの歩みはそれによって揺らぐことがない。そういう確かな歩みを見出した。それが「往生す」ということだと。「すなわち正定聚のくらいにさだまる」。そこに、ひたすら本願を信じて浄土に生きる者としてまさしく定まる。正定聚の聚は「ともがら」ということです。そういう人々の中に加えられるという意味が正定聚ということです。

ここに五つの「往生」について見てきましたが、前の三つと後の二つとがどうも異なる使い方がされているのです。

動詞で表現される世界

そこに注意すべきことは、今日の私どもは言葉というものを名詞として捉える。例えば老いるという「老」、「老後」などという言葉は、何か人生の第一線から退いて、後は周りの邪魔にならないように生きていなさいというようなことを言われたような気がします。この「老後」という言葉は明治以後使われるようになったそうで、それまでは、「老いに入る」。それが「老いる」という言葉に縮まってきたのです。元の「老いに入る」という言葉は、歳を取ってしまった状態を指して名詞で表しているのではなくて、老いに入っていくという、動いていく歩みを表す言葉です。つまり動詞です。「老いに入る」と言いますと、「老後」という言い方とまったく逆に、〝さあ今度はこれから人間の老いというものを生きてみるぞ〟と、こういう意味になりますね。

これはよくご紹介することですが、ある時、和田稠《わだしげし》先生が、当時八十歳を越えられていましたが、私の顔を見られるなり、「宮城さんおもしろいねえ」とおっしゃるのです。「何かおもしろいことがありましたか」と聞きましたら、「膝が曲がらなくなってね。それから耳が遠くなってね」と。「そんなことがおもしろいですか」と言ったら、「うーん、初めての体験だからね」と、こうおっしゃるのです。今まで、歳を取ると膝が曲がらない、膝が痛むということはよく聞いているけれども、自分が膝が曲がらないようになってみて、ああこういうことかと。そういうものとなって初めてわかってくる人の心の動きとか、いろんな事実があると。耳が遠くなってみて逆に人の表情がよく見えてくるとか、何か言葉に騙《だま》されない、全身で感じ取るものがあるとか、そういう初めての体験。それをおもしろいねと。

なかなかそうは言えません。痛い時は痛いばかりです。それでもとにかくそこに老いという現実を体験していく。老いというものを生きていくんだと。それが、「老いに入る」という言葉であったそうです。そこには非常に前向きな、強い響きを私は感じます。

そして仏教の言葉。例えば「浄土」ということは「清浄《しょうじょう》なる世界」ということですが、「清浄」ということも名詞や形容詞ではなく、動詞です。清らかな世界がどこかにあるということを言っているのではなく、「清浄にするはたらきをもった世界」という意味なのです。清浄という言葉も、もとの意味は「清浄にしていく」ということであって、何か自分たちの世界だけが清らかで、あとは知らんということではない。周りのすべてのものを清浄にしたいという願い。そういう願いを象《かたど》られた国なんだということです。

それから仏教の顕らかにした一つの思想として、「空《くう》」という言葉があります。一切の執《と》われを超えた境地を「空」と言うのですが、これも本来は「空《くう》ずる」なのです。「空」という言葉に執われて、すべては「空」だと名詞として捉えるなら、それは煩悩に迷わされるよりも、もっと大きな過ちである、と。だから「空ずる」なのだと、基本的に動きのままに捉えるということです。自分の前に置いて、これはこうだ、ああだと判定するのではなくて、すべてを具体的な動きの中で受け止めていくというのが仏教の受け止め方です。

死もまたいのちの営みである

「往生」ということも、ともすれば息をひきとった時を、「ああ今、往生された」と。一つの時を捉えて名詞的に使っているわけです。これは今日の「臨終」という言葉も同じです。「何時何分、御臨終です」という言い方をします。いのちの流れの中のある一点を取って、ここで臨終だと、こういう言い方です。だけど実はいのちというのは刻々と移り行く営みを続けているのですから、死も「死んでいく」という営みなのです。決してここで終わりというものではない。昔の人々は決してそういう捉え方はしなかった。亡くなってからもずっと、そのいのちがしだいに去っていくのを見届ける。だいたい二十四時間は火葬にしないのもそういう意味があります。いのちの営みをずっと大事に見守り続けていく。そしてこのいのちが去っていく。

現代の医学では三徴候、心臓が止まったり呼吸をしなくなったり、瞳孔散大ということでみますが、昔の人は全部温《ぬく》もりでみていました。温もりでいのちが去っていくことを実際に肌で感じて、亡くなってだんだん冷たくなっていく手を、少しでも温《あたた》めようとして懐に入れたという。親族が集まって手足をさすって、少しでも温もりが残るようにと。

死んでいかれる人に寄り添って、その死と共に、時を過ごすということがありましたが、今日の医学的な捉え方になりますと、「何時何分」になってしまう。ある意味、手のひらを返すように、これでもう終わりましたという感じになってしまう。決していのちがそこでプツンと切れるのではない。生まれてくるというのもいのちの営みですけれども、死んでいくということもいのちの営みなのです。そういう一つの歩みとして、実は「往生する」ということも受け止められているのであります。

ですから、ただ亡くなることが「往生」なら、先ほど言いましたように、一番目のお手紙は納得いきませんね。明法御坊が亡くなったことを、「かようの往生ねがわせたまうひとびとの、みなの御よろこびにてそうろう」と、なぜ皆さんの喜びになるのか。何とも理解できません。そしてまた、本当に死そのものを「往生」と言うのなら、亡くなったことを「めでたさ、もうしつくすべくもそうらわず」と、こう言っていることになってしまいます。

そうではなくて、明法御坊のご一生、親鸞聖人のご一生も、「往生一定」と。先ほど申し上げましたが、その生涯、この世を人間として生きていくという、その歩みをすべて「往生」という一つの願いにおいて生きていかれた。そしてその願いのままに、願いのごとくに生涯を終えていかれた。つまり最後まで変わることのない、確かな歩みの完成がそこにあるのです。

どなたかの言葉で「死は生の完成である」「人生の完成である」という言葉を読んで心に残っています。死でプツンと切れてしまうのではなく、その人が歩んできた歩みが、そのまま死をとおして初めて、確かなゆるぎないメッセージと言いますか、後に残った者への語りかけ、そういうものとして感じられるのです。

私にとって一番大事であった友達も死にまして、その時も一晩ずっとそばにいましたが、その姿にそういうことを感じました。何かゆるぎない確かさをもって語りかけてきている。彼が生きている間にいろいろと語ってくれたことが、彼の死に顔を見ていますと、逆に今までよりもずっと確かな言葉として呼びかけられているように感じた。そういうことがありました。ですから、その生涯が「往生」という道として願いを起こし、歩まれ、そして生涯をその歩みの中に閉じていかれた。だからこそ「かえすがえすうれしゅうそうろう」という言葉があるのです。そこに、その歩みが確かなことであったこと。そしてそれは、ある意味で死をもってしても打ち消されない、逆に死によってより確かな力となって後に残った者に響いてくる。そこに、「かようの往生ねがわせたまうひとびとの、みなの御よろこびにてそうろう」ということが初めて言えるのではないか。その明法御坊の姿は、ただ明法御坊一人の生涯を終えられたと、そういうことですむことではなくて、その事実が同じ道を歩もうとしている者にとって、大きな導きとなるのです。

それこそ、「骨道」という言葉があります。これは法顕《ほっけん》（三三九〜四二〇）という人が、西暦三百年代ですから三蔵法師《さんぞうほうし》（玄奘《げんじょう》）がインドへ行かれた時よりももっと前に、中国からインドへ経典を集めに、国の法律を犯して行かれるわけです。その法顕がシルクロード、当時はそれこそ山賊やら何やらで文字どおり命がけの道であったわけですが、そこをずっと突き進んで行かれる。そして砂漠に出ると、空に飛ぶ鳥もなく、大地に走る獣もいない。周りを見渡してもただ砂があるだけ。四顧茫々《しこぼうぼう》。ただ、陽が昇り陽が沈む。その陽の移り行きで東西を計り、そして「遙かに人骨をのぞみてその道を知る」という詩を残しておられます。自分に先立って同じ道を歩んだ人が、その道において亡くなっていった。その骨を一つの道標《みちしるべ》、導きとして法顕という人は道を進んで行くことができたと。私自身は家族の病気ということの中で、あらためてその詩の心を感じたのです。それは骨道。骨となって導いている、あるいは開いてくださってあった道です。何かそういう意味で「明法の御坊の往生のこと」、それが同じ道を歩もうとしている皆さんにとっての「御よろこびにてそうろう」と、こうおっしゃっているのだと思います。

死というのは、臨終というのは、ある意味で人生の総決算の時です。それまでの人生の歩みがすべてそこに凝縮して現れる。それが臨終の時というものでしょう。ですからその臨終の時に、それまでのその人の歩みの確かさというものが強く感じられる。そこにこの方の生涯もまた往生の歩みであったと。そのことへの深い頷《うなず》きというものが、死という時を踏まえて「往生」という言葉が使われている意味ではないか。死そのものを指しているのではなくて、死においていよいよ明らかになってくる、その歩みの確かさというものを表している。その死において総決算される人生は、まさしく往生の歩みであったという頷きであろうと思います。

また、二番目のお手紙の「浄土にて、かならずかならずまちまいらせそうろうべし」と、こういう言葉も浄土を死後の世界に立てて、そこで待っていると言われているようにも思われ、難しいのです。

私自身も出講している大学の、後輩の教授が食道癌で若くして亡くなりました。まだ初期の頃はよく見舞いに行っていましたけれども、だいぶ癌が重くなりまして、もう何日もつかというような状態になってからは行きませんでした。自分の体験からして、少しでも家族との静かな時を持たれたらいいなということを思ったからです。

見舞いというのは難しいのです。患者は喜ぶのですが、後の疲労感というものはものすごいのですね。特に病が重くなってからはそういうことがありますので行かなかったのですが、奥様から、もうもたないと、会いたがっておりますので一度来てくれませんかというお電話をいただきましたので、すぐ飛んで行きました。病室に入りました。初めはちょうど驚いた時の赤子《あかご》の目です。目を大きく開いたまま瞬きもせずに、じっと顔を見てくれていましたが、その後で一言、「またお会いしましょう」と、こう彼が言ったのです。本人もとうに覚悟しています。そういう宣告を受けているわけですが、その中で前後何の言葉もなしに、いきなり「またお会いしましょう」という言葉が発せられまして、私も何か非常に素直な気持ちで「ああ、またお会いしましょう」と応えていました。

一応それを文章として言ってしまえば、「お会いしましょう」は死んでから、それこそ「浄土にて、かならずかならずまちまいらせそうろうべし」と、こういうことなのでしょう。けれどもその時、その言葉をとおして目を見つめ合った時は、決して何かそういう場所とかではない。今まで同じ願いを持って生きてきた。そういうものとして死んでゆく。その願いのところにおいて、「またお会いしましょう」という言葉がある。何か死んだ後の世界とか、そういう実体的な捉え方ではない。しかしあの時にはその言葉ほど響く言葉はありませんでした。

そしてそれが本当に私にとって、自然に身に沁みました。私もまたそういう言葉が自然と口に出たわけですが、そういうことをこの体験から知らされました。友達にそういう時を与えられて、何かこの『末燈鈔』第一二通の親鸞聖人のこの言葉も、今までただ頭の中で読んでいた時は、やはり死んで後の世でと、浄土でと、そういうこととしてしか感じられませんでしたけれども、そうではなくて、その願いのところで一つになる。生涯、浄土に生まれるということを願いとして歩み続けられてきた、その歩みにおいて、「またお会いしましょう」ということです。

これは、親鸞聖人が真実の教えを顕らかにされるところに引かれる経典の言葉です。

今《いま》、皆《みな》復《ま》た会《え》して、是《こ》れ共《とも》に相値《あいあ》えるなり。

（『教行信証』行巻・聖典第二版一七二頁）

これは『平等覚経《びょうどうがくきょう》』という、『無量寿経《むりょうじゅきょう》』の古い経典からの引用です。『無量寿経』というのは歴史を持った経典で、十二回の漢訳の内、今日五つが残されていますけれども、その中の一つです。そこにこのような言葉があります。つまり本当の出会いというものは再会だということです。たまたまばったり会ったというものではない。本当の出会いというものの喜びの深さは、それこそただ事ではない。そこには深い過去の出会いがあったればこそ、今ここにまた相会《あい》うことができたんだと。そういう事柄を、横からそのように説明しているのではなくて、出会いの喜びの深さというものをこういう言葉で表している。つまり本当に一人の人に人間として出会えた時には、そこに初めて会ったという思いよりも非常に懐かしい人、昔からよく知っていた人のような、そういうような思いが心を満たす。そういう事実をおさえているのでしょう。「今、皆復た会して、是れ共に相値えるなり」、何かそれはひっくり返して言えば、「またお会いしましょう」という言葉の中に、やはり出会いの確かさをお互いに頷き合う、そういう響きがあるのでしょう。

だからこそ、これだけははっきりしないといけないと思いますけれども、一応言葉として、三番目までの使い方と後の二つの使い方はまったく違うようだけれども、しかし別なことではない。四番目、五番目は、実は「往生」という事柄のその事実をおさえて、信心を得た時が「往生」の時だ。そしてその歩みの確かさということが一、二、三番目のところで頷かれている、このような流れと言いますか、意味がそこに開かれていると思います。

そのことを通して、では一体「往生」とはどういうことなのかということにもう少し触れさせてもらおうと思います。そしてその中であらためて今日の私どもの生きている在り方というものと、どのように関わってくるのか。そのことに少し触れたいと思っています。

即得往生 ―信の一念

そこで、「往生」について曽我量深先生の次のようなお言葉を紹介し、学ばせていただきたいと思います。

信心を獲て、新しい生活をする、その生活を往生というのである。何も死んでから――というのでありません。信心を獲たときに、ちゃんと決定往生の生活をする。決定往生ということは、いつ死んでも往生間違いないということが、決定往生だというのではありません。決定往生ということは、そんな非常意識でもって表わさなければならぬというものではありません。往生は通常意識でもって理解していくべきものだと思います。

（『正信念仏偈聴記』東本願寺出版）

まず非常に簡明に、往生を「新しい生活をする」という言葉でおさえられています。通常意識とは日常意識、日常生活をしていく意識です。つまり文字どおり生きるということの問題なんだと。何か特別な非常意識、死であるとか、生活が根本から崩れていくような、そういう時に初めて出てくる問題ではないんだということを、こういう言葉でまずあげられています。そして続いて、

われわれの信心の生活、仏法の生活、ほんとうの喜びの生活、明るい生活、それを往生という。だから、ここからどこかへ行くというようなものではないんでしょう。常に身は娑婆世界に居るけれども、心は娑婆世界を超越しておる。往とは超越をあらわす。この身は煩悩の身でありまするからして、この娑婆世界におる。娑婆世界におっても、心はちゃんと超越して、そうして心は浄土に居るのである。心が常に光の世界に躍動している、そういう生活を往生浄土というのである。そういうのでなければ、「いつ死んでも極楽往生間違いない」とばかりいうておっても、なにも証拠がな

い。「いや、経文にある」というたって証拠になりません。やはり、自分自身の心境というものが、自分を証明するのである。他人から証明してもらう必要はない。だから、往生は自分の自覚である、と思います。

「死んで浄土へ往生する」というてみても、そんな証拠はどこにもない。生きているうちに証拠がなければ、死んでからの証拠など、どこにもありません。証拠は自分の生活そのものにある。自分の生活そのものが証明するのである。（同前）

こうおっしゃっています。そこにある往生の「往」とは、どこかへ行くということではないんだということです。往というのは超絶。超え絶する。今までの在り方を根本から断ち切る。そして、今までの在り方を超えて行くという超絶。この超絶という言葉は繰り返し経典の中に使われているわけですが、今、往生の「往」とは、言うならば私どもの思いをもって生きているその在り方を絶ち捨てて、確かな、ここでは明るい本当の喜びの生活に出会っていくと、それを「往」と言うのであると、こういうことが注意されています。そして、

わたくしどものおたすけは、往生以外に、おたすけはありません。往生しないで、おたすけということはありません。つまり、おたすけということは、如来の方からい

えば、心光照護。心光照護の中に、往生の願いが成就しておる。それを、即得往生という。即得往生とは、「いつ死んでも往生する」ということが決定した、往生するのは命終るときだ、生きておるうちは往生することはない、と、そういうふうに教えられておる。真宗学というのは、そういうふうに解釈して伝統されてあるんだけれども、そういう真宗学が行われていては、わたくしどものほんとうの救済が成立しておらん、と思う。それでは心は暗い、と思う。心が明るくならんければならぬ。

つまり、われわれの新しい生活が開けてきた、そういう生活が始まった、信の一念から新しい生活が始まった。心の世界が開けた。いままで心の世界が開けておらんかった。われわれの意識は、つねに肉体のために自由を束縛されて、肉体の奴隷となっておる。心が肉体の奴隷となっておる生活を、娑婆世界という。心が肉体に支配されない、そういう生活の始まりというものを、信の一念という。

だから、信を獲たとか獲ぬとか——、いつ獲たかというようなことを決めんでも、そういう生活が始まっておるということが確かならば、それを往生という。往生とは、そういう意味である。それ以外に往生なんてありません。それ以外に往生なんていうならば、そういう浄土は、空想の浄土である。

（同前）

こういう言葉でおさえられています。

あるがままに出会える世界

次に、平野恵子《ひらのけいこ》さんの文章を皆さんに紹介したいと思います。平野恵子さんは高山の真宗のお寺の坊守《ぼうもり》さんであったのですが、癌で若くしてお亡くなりになりました。癌ということがわかってから亡くなるまでにいろいろな詩や文章を書き遺されましたが、その中で一人ひとり子供の名前を、素行ちゃん、素浄ちゃんというように呼びかけながら文章を書いておられるのです。しかし、この「ものさしの話」だけはそういう形ではなくて一つの物語の形で書かれています。それは実は、平野さんの子供たちに、このこと一つはどうしても心に止めて欲しいという願いを込めて書かれた文章であることを意味しているわけです。

ある所に、一人の若い女の人がいました。女の人は弱虫で臆病者でしたが、とても素晴らしい〝ものさし〟を持っていました。そのものさしは計るものによって目盛《めもり》の幅がコロコロと変わる不思議なものさしで、どんなものでも好きなように計れるのでした。だから本当には何一つ正確に計ることはできなかったのです。しかし、奇妙なことに、女の人は目盛の幅が計るものによって変わっているなんて、まったく気付いていなかったのです。そのため、女の人はそのものさしを絶対間違いのない、この世で一番正しいものさしだと信じ込み、何よりも大切にしていました。

女の人は毎日得意になって、自分の目の前に現われるすべてのものを、このものさしで計りました。食べ物、着る物、家、木や草や花、お日様、雲、風の音……でも、このものさしが一番役立ったのは人を計る時でした。顔の表情、手足の長さ、髪の形から目の光、声の高低に至るまで、どんなところでも実に細かく計ることができました。そしてその結果で、この人は、自分にとって都合のよい人か、よくない人かを決めることもできました。その上、人と人とを比較して、善い人と悪い人、奇麗な人と醜い人、賢い人と愚な人、強い人と弱い人等、ずいぶんいろいろな分け方もできたのです。

この便利な万能ものさしは、女の人に大きな自信を持たせてくれました。だって、このものさしを持っている限り、たとえどのような難しい問題や困難な出来事にぶつかっても、うまく解決できると信じることができたからです。そのために女の人は、だんだん自分が臆病者だったことを忘れてゆきました。そしていつの間にか、自分はとても強くて賢い人間、この世で一番偉い人間だとまで思い込んでしまったのです。

さて、女の人はやがて優しい男の人とめぐり会い結婚しました。そして二人の可愛らしい子供が生まれたのです。子供は、上が男の子で、下が女の子でした。女の人はとても喜んで、それは大切に育てました。

「こんなに強くて賢い母親から生まれた子供達ですもの、どんなにか立派な人になるだろう」

そう思うと、女の人はワクワクするのでした。

ところが何年かが過ぎ去り、子供達が大きくなるにしたがって、大変困ったことがおきました。男の子は元気が良いけれどすごいいたずらっ子で、一日中、村の中を走り回っていたずらばかりして歩くのでした。おまけに学校へ行っても勉強なんか少しもしないで遊んでばかり、女の人の言うことなんか聞こうとしません。そして女の子はといえば、生まれつき身体が弱くて、とうとう二度と歩くことも、しゃべることもできないだろうと言われるほど、ひどい病気になってしまったのです。

女の人はあわてました。こんなはずではなかったと、子供達を計ってみるのですが、何度計り直してもものさしの目盛は、どうしようもない悪い子、弱い子、愚かな子だと答えるばかりです。女の人は泣きました。人として生きる価値もないような子供達を持った自分が余りにもみじめで、毎日泣いて暮しました。そして、とうとう生きてゆく自信も希望もなくしてしまったのです。

ところが、そんなある日のことです。いつものように一日中、外を駆け回って元気に遊んで帰った男の子が、小さな妹を抱きしめて優しく頬ずりしながら「ただいま、ユキちゃん」と言うと、無邪気に笑う妹をしげしげと見つめながら、女の人にこう言いました。

「お母さん、ユキちゃんは奇麗だね。顔も、手も、足も、お腹だって全部奇麗だよ、ユキちゃんはお家のみんなの宝物だもんね」

男の子の言葉は、まるで電流のように女の人の身体へ流れ込みました。「本当に、そうだねえ……」そう答えながら、女の人は身のちぢむほどの恥ずかしい思いに襲われて、思わず二人を強く抱きしめました。小さな身体は暖かく、ズッシリと重い手応えは、女の人にはかけがえのない生命の重さだと感じられ、とめどなく涙が溢れ出てきました。

その時、女の人にははっきりと分ったのです。自分が今日まで大切にしていたものさしが、実は、自分の勝手な思いだけで作られた間違いだらけのものさしであったことが、そして、そのものさしだけを正しいと信じていた自分は、この世で最も傲慢《ごうまん》で愚かな人間だったのです。

二つの尊い宝物を、両腕にしっかりと抱きかかえた女の人は、夕日がキラキラと輝く窓辺に近寄りました。こんなにも静かで優しい景色を、今まで見たことがないと女の人は思うのでした。風がカーテンを揺らしながら、涙で濡れた頬をソッとなで過ぎた時、どこからともなく透き通った風のささやきが聞こえてきました。

〝私は私、あなたはあなた、ホラ、こんなに素敵に生きている、嬉しいね……〟

（『子どもたちよ、ありがとう』法蔵館）

これだけの文章ですが、これは実際のことでありまして、本当に女の子は歩くことも、ものを言うこともできない病気で、ずっと寝たままだったのです。そして一時は本当に女の子と死のうと平野さんは覚悟を決められたこともあったそうです。そういう時に、たまたま男の子のこういう言葉に出遇って、それこそ今までの自分というものが、いかに自分の身勝手な、自分の思いだけのものさしですべてを計って優劣を決め、善悪を決め、そして生きていたか。そこに本当に一つ一つの存在の尊さというものを知らないままに、感じないままに生きていたということを知らされた。

子供のおかげで、初めて思いだけで生きていた自分というものに気づかされ、それこそ思いを超えた世界、いのちの確かな事実を生きている世界を本当に初めて気づかせてもらえた。そこに〝子どもたちよ、ありがとう〟という言葉を書物の題にして残されています。

私どもも振り返ってみますと、いのちを生きずに思いを生きてきたのではないか。何十年間生きてきた、とこう言いますけれども、この身にいただいている、いのちの事実を生きてきたかということです。ずっと自分の思いを一生懸命生きてきたのではないか。そして思いに立つ時は必ず優劣、善悪ということが絶えず心にかかり、それに振り動かされるということを免《まぬが》れないのです。

最後の「私は私、あなたはあなた、ホラ、こんなに素敵に生きている、嬉しいね」という平野さんの言葉は、まさに『仏説阿弥陀経《ぶっせつあみだきょう》』に、「青色青光《しょうしきしょうこう》　黄色黄光《おうしきおうこう》　赤色赤光《しゃくしきしゃっこう》　白色白光《びゃくしきびゃっこう》」（聖典第二版一三六頁）という言葉で、浄土の風景として説かれています。

つまり、私は私、あなたはあなた。一人ひとりがかけがえのないいのちをそれぞれの身に生きている。浄土というのはお互いの賜っているいのちのその尊さ、かけがえのなさをそれぞれに尽くして生きていく。それぞれの色がそれぞれに光る。そういう世界なのです。しかも自らが自らの色を輝かすということが、周りの色がその色に輝くことを碍《さまた》げない。そういう世界こそ人間は求めている。私は私のいのちの事実に立てる。私のいのちの事実を尽くして生きていける。そしてそのことが周りの人のそれぞれの尊さを決して踏みつけにはしない。そういう世界が見つからなければ、結局私どもは強さ弱さ、賢さ愚かさの力を競うことを免れないのではないでしょうか。まさに、今までいかに自分が身勝手なものさしで計っていたかを知った時、そこに「青色青光　黄色黄光」の世界を平野さんは感じ取られた。だからといって、娘さんの病気が治るとかそういうことでは決してありません。生活の事実の重さはそのままです。だけれども、その事実において、そのいのちを本当に身いっぱいに受け止めて生きて行こうと歩み出せるのを「往生」と言われるのでしょう。

「往生」ということについて、先ほど申しました和田稠先生はこういう言い方をしておられます。「この苦悩の絶えない、問題の止むことのない現実を、よし生きて行こうということになるのが救いです。そしてその救いを往生という言葉で表される」と。救われるということは、問題が全部なくなって、やれやれ助かったということではない。それならば生きている所詮《しょせん》もないことになります。そうではなくて、本当に「よし生きて行こう」と。そこに生きて行くことの深い尊さ、かけがえのなさをあらためて知らされ続けていく、そういう歩みが始まることだと。

そして、もう一人、私が本山の教学研究所にいさせていただいた頃の所長をなさった方で、九州大谷短期大学の学長もされていた蓬茨祖運《ほうしそうん》先生という方がいらっしゃいました。その蓬茨先生は「往生とは、この人間を逃避しない」と、こういう言い方をされています。「この人間」というのは、良い面も悪い面も、いやな面も楽しい面も、いろいろな面を含んだ「この人間」。もう一つ言えばこの私であります。「この私、この人間を逃避しないで、この生の尽きるまで真の成仏道を見つめていく生活を表す」。こういう言葉で「往生」ということをおさえてくださっています。そこに、「この人間を逃避しないで」という言葉が特に心にかかるわけです。

人間とは文字どおり間《あいだ》を生きるものです。逆に言えば、孤独ということに一番耐えられないのが人間です。そして、そこでは、それこそ一方的な〝ものさし〟があります。賢くて強くて、力ある者が優位な人間と評価される世界です。そしていわゆる弱くて愚かで、悲しみを抱えているような在り方というものはマイナス価値として切り捨てられると言いますか、評価されてしまう。そのように、子供の教育ということでも、いかにして賢く、強い人間にするかといった、そういう一方的な、一つの方向にのみ向いた〝ものさし〟で人間は生きている。しかしそれは、私どもがこの身で生きているいのちの事実には反するわけです。人間のいのち、人間だけではありません。あらゆるいのちは、それこそいろいろないのちとの関わり、交わりの中に生きているということです。

さらに生と死というようなことも、何か生の反対が死で、生が行き着く先が死だと、そんなイメージがあります。けれども「生命誌」研究の中村桂子《なかむらけいこ》という方が、人間が作られてくる、形を持ってくるのは組み立て方式ではなくて、粘土方式なんです、という言い方をされています。いろいろな部分を集めてきて組み立てていくという形でできてくるのではなくて、例えば粘土で物を作る時、まず大きな形をボンと作って、それから要らないところを削り取って形を整えていく。顔を作る時も、鼻の脇の粘土を削り落とすと高い鼻の形になる。そういうようにいらない部分の細胞が死んでゆくことで形が出来上がってくるのです、と。

手も初めはグーの形です。これが五本の指に分かれるのは、間のところの細胞が死んで抜け落ちる。そのことによって分かれてくるのだそうです。だから人間というのは、お母さんのお腹の中にいる時から死を体験しているんです、という言い方を中村さんはしておられました。ですから、仏教が生死《しょうじ》という言い方をするように、生の行き着く先に生の反対概念として死があるのではなくて、生死する者としていのちの営みがあるということです。

だから清沢満之《きよざわまんし》先生は「死生《しせい》」という言い方をされます。普通の言い方で「生死《せいし》」と言いますと、死が生に対して、生を打ち切るものとして向こうの先にあるようです。けれども「死生」という時は、死に立って生をいただき直すということがある。死に立って生を振り返る時、生が、それこそ今生きてあることが、いかに不思議であるか。私の思いを超えた事実であり、いかにありがたいことかです。一時ひとときの重さということがそこに初めて見えてくる。そしてまた清沢先生は、

生のみが我等にあらず。死も亦《また》我等なり。我等は生死《せいし》を並有《へいゆう》するものなり。

(「絶対他力の大道」)

こういう言い方をしておられます。何か私たちは、いのちを生の発展ということばかりに向いたものさしで計り、そしてそこに価値づけを決めて生きているということが、今日のいろいろな問題の根っこに思われるわけです。

それこそ、私どもはいのちまるまるの事実、私の存在まるまるの事実。そういう事実に帰ると言いますか、いのちの事実を受け止めて歩み出す。そこではマイナス評価されるようなものの大きなはたらきを知らされていく。つまり愚かさを知らない賢さというものは、いかに傲慢であるか。弱さを知らない強さというものが、いかに無神経であるかです。何かそういうところに人間はエゴイスティックになり、周りを疑う存在になり、人間関係が切り捨てられていく。そういうことになっていくのではないか。

そこに蓬茨祖運先生は、自分の理想から言えば、どんなに辛くて悲しいことであろうと、「この人間を逃避しない」、それが往生という歩みだと。それこそ平野恵子さんにとっての女の子です。その姿は、初めは本当に耐え難いことでありました。行きづまりです。もう生きていけないと思わせるような問題であった。しかしその子供の周り、そのわんぱく少年の心に響く、そういうはたらきです。私たちは立派なことをしているつもりでいますけれども、ある意味で赤ん坊の笑顔一つが周りの大人の笑顔を誘う。周りの人に笑顔を与えていく、これほど大きな仕事はないのでしょう。私どもはいろんな仕事をしているといっても、だいたい周りの人を困らせるようなことばかりです。

これは私の学校で自殺未遂をした少女、学生がおりまして、その子は結局学校をやめて故郷に帰った。いろいろな問題があったようです。そしてたまたま、鹿児島にいた私の知り合いとその子がばったり道で会って、今どうしているんだということを聞いたら、産婦人科の病院で看護師をして働いていると。そして、その病院で毎日美しいものを見せてもらってます、ということを言っていたと聞きました。その美しいものとは何かと言ったら、それはお産の前どんなに大騒ぎをしていたお母さんも、最初に生まれた赤ちゃんを「ほら、赤ちゃんだよ」と見せた時に、皆が本当に美しい笑顔をする。その姿というものにいつも感動するという。何かそれこそ、そういう笑顔を人間に呼び覚ますような、まさに存在そのもののはたらきです。それに勝るような仕事というのはあるのでしょうか。本当に人間に笑みを与えるような仕事。それはやっぱり大事にしなければならないのではないかということを感じます。

そういう意味で「ものさしの話」というのは、曽我先生がおっしゃる日常意識のところでの「往生」ということの確かな姿として感じられるわけです。今までの自分の身勝手なものさしに適《かな》った生活に死んで、そして一つひとつの存在の輝きに出会っていく。そういう生活に生まれさせられるというところに、具体的な往生の姿が感じられるわけです。

最後に、平野恵子さんの「ものさしの話」の後に、まだ小さい子たちですから難しかったかもしれない、しかし、どうかこれだけは覚えていて欲しい、心に置いて欲しいという、添え文のようなものがあります。

素行ちゃん、素浄ちゃん、どうぞ忘れないでください。自分もこのものさし（価値観）を持った人間だということを。いつでも、どんな時でも、自分はこのものさしを使って物を考え、他を判断し、行動しているのです。どうあがいても、このものさしから一歩も出ることの出来ない私達なのです。

ただ、ありがたいことに、ものさしを持つ自分の姿を確かに知ることができた時、人は同時にものさしのない世界を知り、その世界に触れることができるのです。浄土真宗では、このものさしのいらない世界を阿弥陀の世界、浄土と申しております。

人は、自分のものさし（価値観）を決して捨てることはできないけれども、浄土に触れることにおいて、ものさしを武器として他を傷つけずにはおれない自分の存在を悲しみ、その愚かさに気付かされることにより、まわりに対して「ごめんなさい」「ありがとう」と言わずにはおれない人の心を取り戻すことができるのです。それはまた、同じようにものさしを持つ、すべての人々に対する限りない共感、痛みでもあります。自分の持つ価値観が、決して普遍的なものではないと分かっているからこそ、他の人の価値観も認め、お互いを尊重してゆけるのですからね。

（「ものさしの話」について）

この文章は私どもにとって、常に読み返したい文章のように感ずるのです。親鸞聖人ご自身はそういうことを「親鸞《しんらん》も偏頗《へんぱ》あるものとききそうらえば」（『御消息集（広本）』第一一通・聖典第二版七〇四～七〇五頁）という言い方で偏《かたよ》りのある者、それこそ身勝手な自分のものさしを捨てない者、そこに「偏頗あるもの」ということをおっしゃっています。だから私の言葉で頷けない人は、どうか善導大師の言葉に触れ、聖覚法印《せいかくほういん》（一一六七～一二三五）の言葉に触れて欲しい。それで親鸞聖人は常に関東の御門徒方に、そういう文章を書き写して送っておられるということがあるわけです。何かそういう意味で、私どもが自分のものさしで生きていると、そうは少しも思っていないのですけれども、確かに事実はどこまでも事実に生きているのではなくて、自分のものさしに生きている。そのところで一喜一憂しているということです。そのことに気づかされることにおいて、平野さんの言葉で言えば、ものさしのいらない世界。逆にすべてをあるがままに出会ってゆける世界。そういう世界を知らされるんだということがおさえられてくるかと思います。そういう世界を求め、そういう世界を願い、少しでもそういう世界を開いていこうとして歩むところに「往生」という言葉があるのです。

その意味で親鸞聖人は人間というものについて、「敬白一切往生人等（敬《うやま》いて一切往《いっさいおう》生人等《じょうにんとう》に白《もう》さく）」（行巻・聖典第二版二三二頁）という言葉を、『教行信証』の「正信偈《しょうしんげ》」が書かれる前のところに置いておられます。親鸞聖人にとって「一切」です。一切という時には「去来現《こらいげん》」という言い方をしますが、過去・未来・現在、私に先立って往生人として生きていかれた人々。今現に往生の道を歩んでおられる人々。今はまったくそんなことを思いもしていない、しかし人間である限り本当に生きたい。人間として生きたいという願いは必ずその内にある。その願いに向かって「敬いて一切往生人等に白さく」と、こう呼びかけておられます。すべての人を一切往生人として出会ってゆける。そういう世界こそが、それこそ「浄土」という名で呼ばれる世界であろうというようにも思うわけです。

三　弥陀の誓願不思議

摂取して捨てず

この『歎異抄』は、いわゆる宗教というものに深く携わっておられる人、その中でもいろんな宗派の方、それからまったく宗教というものとは無縁と言いますか、否定的に歩んでおられる人、そういう人々が等しく、何かこの書物の言葉に大きな力を感じ取られ学ばれてきているということがあります。

ただそれにしても、この第一章は、『歎異抄』が顕らかにしておられる世界というもの、それが一切の説明的な言葉というものが加えられずに、私は詩、歌の言葉のように思えるわけですけれども、高々とうたわれています。それだけに、まず、「弥陀の誓願不思議にたすけられまいらせて」ということからして、大変わからない言葉です。「弥陀」ということ、「誓願」ということ、「誓願不思議」という言い方ですが、そういう言葉一つひとつが、なかなか私どもの生活の中になじまないということがありますし、また、そこに説かれてあります内容というものが、ある意味で私たちの日常的な感覚、普通の人間として生活している者にとって、はなはだスッとは入れない内容です。

これまでは、『歎異抄』を貫く一つの基本の言葉として、特に「往生」という言葉を取り上げさせていただきました。ここからはこの「弥陀の誓願不思議」という言葉ですが、これはこれから後ずっと繰り返し、いろんな形で顕らかにされていきます。

弥陀の誓願不思議にたすけられまいらせて、往生をばとぐるなりと信じて念仏もうさんとおもいたつこころのおこるとき、すなわち摂取不捨の利益にあずけしめたまうなり。弥陀の本願には老少善悪のひとをえらばれず。ただ信心を要とすとしるべし。

（聖典第二版七六七頁）

そこに「誓願」という言葉と「本願」という言葉と、この第一章のところだけでも二つ出されています。もちろん別なことではないのですけれども、ただその「誓願」という言い方は、文字どおり誓うということがおさえられてあるわけです。ただ願いを起こしているというだけでない、誓うという。それで、誓うというからには誰かに誓うということがあるはずですが、何に、誰に誓うのか。これは、ここの文章だけでは出てきませんけれども、「弥陀の誓願」という時、それはまず諸仏《しょぶつ》に誓うということがおさえられているわけです。諸仏というのは、いろいろな道をそれぞれに歩まれて、一つの境地を成就された、そういう名です。その諸仏に対して私は、十方の衆生、つまりあらゆる、よき人も悪しき人も区別なく、すべての人々を摂取して捨てないと。そのことを誓うと、こういう言い方になっているわけです。

その時には、四十八願という形で本願は展開されていますが、その十八番目の、「若不《にゃくふ》生者《しょうじゃ》　不《ふ》取《しゅ》正覚《しょうがく》（若《も》し生《う》まれずは、正覚《しょうがく》を取《と》らじ）」（『仏説無量寿経』聖典第二版一九頁）が誓いの言葉の一番端的な表現です。もしすべての人々が浄土に生まれるということが成就しないなら、その時には私も仏に成ることを決してしないと、そういう言葉で誓いということがおさえられているわけです。

要するにそれは、いわゆるいろんな問題を抱えて生きている人々、その人々を自分自身、自己とする、自分自身のこととするというところに、誓うということが出てくるわけです。決して上から「お前たちを救ってやるぞ」ということではなくて、その苦悩の人々を自分自身の姿として尋ね明らかにしていくということが、そこに、誓いということでおさえられるわけです。

この私どもにとって正依《しょうえ》の経典であります『仏説無量寿経』（大無量寿経）には、人々を「群生《ぐんじょう》を荷負《かふ》して、之《これ》を重担《じゅうたん》とす」（聖典第二版六頁）と、こういう言葉が説かれています。すべての人々、苦悩の人々を担《にな》うと。それも「重担」、耐えがたい重荷として担っているのだと。仏は大悲の心をもってわれわれを軽々と担っていてくださるのかと思ったら、とんでもない、耐えがたい重荷であると。

その重荷、「重担」とは決してただその担う荷物の重さが重いということではありません。肩にズッシリ食い込むような重さを持っていると、そういうことなら、ただ比べたうえでの話で、もういよいよ駄目だとなれば放り出してしまえる。放り出してしまえば解放されるわけですから。そうではなくて、たとえ自分の肩が砕けようと放り出せないものとして担うというのが「重担」という意味です。すべての人々を重荷として担うということは、運命を共にするという言葉です。言うならば、もし救われないならば私も共に堕《お》ちると、決して途中で投げ出さないという、そういう心を「之を重担とす」という言葉で表されているかと思います。

面倒なことばかりを申し上げて恐縮ですけども、「摂取不捨」の「摂取」という言葉にも歴史がありまして、実は、『華厳経《けごんぎょう》』という経典において用いられる言葉です。『華厳経』というのは非常に珍しい経典でありまして、だいたい経典は、仏が真理をお説きになるのですが、『華厳経』は仏そのものを説いている経典なのです。

そしてその「華厳」というのは、華《はな》で飾る、華で荘厳《しょうごん》すると。それで、「雑華荘厳《ぞうけ》」という言葉があります。雑華というのは何か、人の心を惹くような美しさを持ったり香りを持ったりとか、非常に珍しい華だとか、そういうことではない。どこにでもあり、咲いているとも人が注意しないような、そういうある意味で見捨てられがちな華という意味を「雑華」という言葉は持つわけです。

そのことを実は親鸞聖人はさらにおさえて、その見捨てられる者をどうするんだと。経典にはいろんな教えが立てられてあるけれど、それは、その教えが求めるところのいろいろな行が積める者、善根が積める者が救われることのできる道として説かれている。そしてそこでは、それこそ雑華というような、善根を積む力もないし、苦しい修行に耐える意志もない、いつもその時その時の状況に流されていく、そういう存在を一体どうするんだと。親鸞聖人は自ら、その雑華のところに身を据えて、この雑華の救われる道はどこにあるんだということを実は問うていかれた。

雑華、もっと身近には、「いし・かわら・つぶて」と。これはすべて、見捨てられてあるもの、何の価値もないものとして道端に放り出されてあるものです。その「いし・かわら・つぶてのごとくなるわれらなり」（『唯信鈔文意』聖典第二版六七八頁）と、そういうところに実は親鸞聖人は身を据えておられるのです。

だいたい日本の鎌倉仏教以後の有名な方々は皆、まず一度は比叡山で修行されるわけです。日蓮《にちれん》（一二二二〜一二八二）や道元《どうげん》（一二〇〇〜一二五三）にしてもそうですし、もちろん法然、親鸞という方々も全部その道を歩まれる。しかしその中で特に親鸞聖人は、そこから漏れ落ちる者、つまり雑華です。価値なき者としてその世界から見捨てられていくような、そういう人々に自らを見ていく。そしてその人々が本当に救われていく道はどこにあるのかと、これが二十九歳で山を下りられた親鸞聖人の一つの大きな転機です。

九歳の時から二十年間、山で聖《ひじり》になるための修行を積まれたわけですけれども、しかしその中で絶えず、これが仏教なのかという問いを親鸞聖人は持ち続けていかれている。その根っこには、比叡山へ親鸞聖人が入られましたのは養和元年（一一八一）ですが、大変な飢饉の年です。京都の町を四万何千という餓死者がうずめている。その時の、町に行《ゆ》き斃《だお》れ餓死していく人々の姿が、親鸞聖人の眼には焼きついている。その人々に立って、仏道とは何なんだと、救いとは何なんだという問いがずっと親鸞聖人にはあった。ですから、比叡山での二十年の修行の中で、果たしてこれが仏道なのかという問いを持ち続けたのです。

親鸞聖人という人は本当に、ある意味でねちっこい方です。もう徹底して問い続けられる。私などですと、こういう状況があれば、もうこんな所におれるかといって、すぐ飛び出すところですが、ただこの場合、もうすでに吉水《よしみず》で法然上人は念仏の道を説いておられる。そしてこの比叡山にいる仲間の多くの人も夜になると法然上人の教えを聞きに町に下りていくと。そういうことがあるわけですけども、親鸞聖人は、比叡山に対しても、これが仏道かという問い、それから同時に、ただ念仏申せばいいんだという、これも仏道と言えるのかという問い、その両方に対する問いがあるのです。それは確かに私たちの心に響くけれども、しかしそれが果たして真実に適う道なのかと。そのことをずっと問い続けて二十年間比叡山で生きていかれるわけです。そしてその果てに、ついに山を下りて吉水に入られたと、こういうことがあります。ですからそれは、決してこれはもう駄目だからこっちというような、そんな簡単な選びではなかったわけです。

ともかく山を下りられたその吉水で、親鸞聖人が生涯、心に刻むことになりました「愚《ぐ》者《しゃ》になりて往生《おうじょう》す」（『末燈鈔』第六通・聖典第二版七三九頁）という、法然上人の言葉。その「愚者」とは何かと言ったら、ありのままを生きている者です。いろんな問題を抱えている。美しさも醜さも、賢さも愚かさも、それが人間の事実、わが身の事実であるならば、その事実にどこまでも立ち帰って、その私が〝さあ生きよう〟と、起ち上がって歩み出していける世界がどこにあるんだという、そういうありのままの自分を受け止める名だと。愚者というのは、そう言っていいかと思います。ありのままの自分というものを本当に生きていける世界を私たちは求めている。

今の子供たちが、親の愛といってもそれは条件つきだということを感じ取っているということが、いろいろ指摘されています。人よりも少しでも良い成績を取って、ともかく良い学校に入る、そういう親の気持ちに応えられる限り、その愛を感じることはできるけれども、その期待をことごとく裏切っていく時には、何かまったく自分というものがもう振り返られない、締め出されていくような、そういう悲しみを感ずると。そういう心を書いた子供たちの文章が多くあるわけです。そういうことをとおして、あるがままの自分というものに帰れる世界を求めているということです。

深重なるもの

第一章に「弥陀の誓願」あるいは「弥陀の本願」という言葉で開かれてきている世界は、実はそういう、すべての存在がそのあるがままを生き、お互いのあるがままの姿を尊びあっていける世界を成就したいという願いとして開かれていると言っていいかと思います。

この第一章のところで、

弥陀の本願には老少善悪のひとをえらばれず。ただ信心を要とすとしるべし。そのゆえは、罪悪深重・煩悩熾盛の衆生をたすけんがための願にてまします。

（聖典第二版七六七頁）

こういう言葉ですが、この場合も私どもにとって本当に「罪悪深重」とか「煩悩熾盛」という言葉が、少しも自分の悲しみにならないということがあります。煩悩熾盛とも、罪悪深重とも思っていません。なかなかそういう思いというものに立つことができずに、逆に自分の間違っていないこと、自分が行ってきた善いこと、そういうものをいろいろと数え上げもし、主張もして生きている。

この「深重」とか「熾盛」という感覚は、いわゆる理論とか、理屈ではなくて、わが身をそのようなものとして深く感ずる、深い悲しみをもってわが身自身の在り方を悲しむということ、そういう言葉です。「熾盛」とか「深重」というのは、言わばもう頭を下げるほかないと、その事実の前にはもう何の弁解も、責任転嫁もできないものとして「罪悪」とか「煩悩」というような言葉が深く心に受け止められ、悲しまれていると、こういうことがそこにあるかと思います。

今日、それこそ地球環境そのものを破壊へと導いていると言われる人間の傲慢さ、あるいは人間の精神の傲慢さというものを破ると言いますか、離れしめる。それはただ一つ、自らの在り方を深く悲しむという心だと思います。そういう自らの在り方、人間の在り方を深く悲しむという心を私どもが今一度取り戻す、そういうことがもしないならば、本当にこれは、それこそ破滅へと進んでいくほかないのではないでしょうか。

ずっと以前に読んで印象に残っている志賀直哉《しがなおや》という明治の作家に『山の木と大鋸《おが》』という童話のような形の身近な作品がありました。その大筋を申しますと、

山に一本の木の芽が芽吹いてきた。そして双葉を開く。その頃、山の木は小鳥が怖かった。小鳥が飛んで来てチョンと啄《ついば》んでいったら、もうそれで終わり。だから小鳥が怖くて、何とか早く大きくなって、小鳥ぐらい枝で遊ばしてやるくらいの大きな木になりたい

と、こう願うわけです。年月が過ぎて、もう小鳥がどれだけ嘴《くちばし》でつついても、どうにもならないだけの若木になる。ところが若木になってみたら、今度は子供が怖くなる。子供が山に上がってきて、ナイフを振り回して、走ったりしている。あのナイフがちょっとでも触れると、もうそれでスパッと切られてしまう。それで今度は、そのナイフくらいでは切り倒されないくらい、大きな木に早くなりたいといって成長する。これでもう大丈夫と思った頃、鉈《なた》に出会う。その鉈というものを人間が振るって、せっかく成長してきた若い木を一撃で倒してしまう。今度はまた、その鉈くらいでは歯が立たないほどに大きく成長してと願い、ようやくそういう木になる。そうしたら今度は鋸《のこぎり》が出てきた。鉈ぐらいを跳ね返す木であっても鋸でゴリゴリとやられると結局は倒れていく。それがまた、何百年か経って、もうどっしりとした大木になって鋸くらいでは何ともならないというところまで成長した。そうして、やれやれやっとここまで来たといって、隣に立っている友達の木と喜んでいたら、ある日人間が二人来て、その隣の友達の木の幹を計ったり何か字を書いたりしていった。そして翌日人間が来て、二人引きの大鋸で切り出して、その友達の木は悲鳴をあげながら死んでいったと。

結局、どこまで行ってもこれでよしということはないんだなと、そのことが本当に思い知らされた時、何か木は逆に心安らかな気持ちになったと。こういう文章でその小説は終わるのです。なぜそこで心安らかになったのかとか、どういう心安らかさを持ったのかとか、そういう説明は一切ありませんが、ともかく今までは、あれだけの大きさになろう、これだけの大きさになろうと、小鳥が来てもナイフが来ても、鉈があっても鋸があってもびくともしない自分に一日も早くなってと。これは言うなれば私どもの成長を願う、自分自身を高めていく、そういう歩みを描いていると、こう言っていいかと思います。しかし、どこまで行っても問題がなくなることはないんだということです。そのことが本当に身に頷かれた時、志賀さんはその木は安らかな気持ちになったと、こういう言い方をされているわけです。

大事なことは、双葉の時にはナイフはもちろん、鉈とか鋸なんていう存在を知ることもなかった。それが少し大きくなってきて、もう小鳥が怖くない、ナイフが怖くないとなってきて初めて、この世に鉈があるとか、さらには鋸があり、その上にまだ大鋸があると。つまり、人間が成長するということは、だんだんと問題を克服して、何の問題もなくなっていくことのように思うわけですけども、実は、人間が成長するということは、より大きな問題を見出していくということなんだと。

小さい時はただ自分が殺されまいと、自分の身だけが問題であったわけでしょう。つまりある意味で大きな人間とは大きな問題を担っている人なのでしょう。仏《ぶつ》は文字どおり「十方の衆生」という大きな問題を担う。人間が幼い時は、問題に気づくこともないわけです。ですから成長していくということは、次第に大きな問題に出会っていくこと、知らされていくこと。そしてさらには、自分自身、個人として、一応いろんな問題を何とか乗り越えたということになっても、それこそ周りには多くの悲しい問題、悲惨な事実を抱えた人々がおられるわけです。

日蓮宗の熱烈な、いわゆる法華の行者であった上原専祿《うえはらせんろく》という歴史学者がいらっしゃいます。その上原先生は「皆が悩んでいる時、自分一人だけ救われるということは卑怯《ひきょう》だ」と。これはいかにも法華の行者という気がしますが、そういう信念のところで、皆が悩みを抱えている時に自分一人心安らかになるなんていうことは人間として卑怯だという、それは人間としての道ではなかろうと、そういうことをおっしゃっていました。

もう一人、ある先生のお言葉ですが、その方は顔の、下顎《したあご》に癌ができまして、それを切り取っていくわけです。何回も何回も手術をされて、顔を半分削り取ってしまわれている、そういう大変な闘病生活をなさった方です。それで、ある記者がその先生に、「そんなつらい闘病生活をずっと送ってこられて、失礼だけれども、一度も自殺ということはお考えになりませんでしたか」と、こういうことを不躾《ぶしつけ》に聞いているわけです。それに対してその先生が、「できたら私もそうしたいと思う、けれどもこんな私でも頼みに思っていて下さる全国の同じ病気の方々がいらっしゃるんです」と。つまり、あの人はまだがんばっていてくれると。「そのことを一つの大きな支えにして、同じ病気を闘っている患者さんが全国にたくさんいらっしゃる。だから、もうつらいからといって、はいお先に御免よとは言えないんです」と、そういうお言葉を読ませてもらったことがありました。

その方にとって、削り取ったその顔が元にかえるということもないわけですし、その病気がこれで完治したかどうかも定かではない。やはり絶えず不安というものを抱えながら生きておられる。ですからその意味では、もうこれで大丈夫などということはないわけです。ただ気がついてみますと、その先生の場合でもその先生をして「はいお先に御免よ」と言わせないものがある。何もその先生が自分の意志、自分の思想上の信念でそういうことをおっしゃらないということではなくて、現実にこの自分がまだ一生懸命に病気と共に生きている、そのことを何よりの支えにして、多くの人々が歩んでおられる。その事実が私を歩ませずにはおかない、生きさせずにおかない、そういうことです。

生きている意味を尋ねる心

その意味では私どもは生きている意味を尋ねるわけです。自分が生きているということにどういう意味があるんだろうと。そしてそういう時にはだいたい自分はこういうことをしてきた、自分にはこういうことができると、そういうことを数え上げて、そこに自分の生きている意味、価値を見出そうとしています。私はこれだけのことを成し遂げてきたんだ、そしてこれからも私はこの道をこれだけの力をもって生きていけるんだと。つまりそこに自分がしてきたこと、あるいはできること、しようとしていることに、生きている価値を、あるいは意味を見出そうと。だいたいそういうように捉えていくかと思います。

けれども、もしそういう自分のしてきたこと、できること、何をしていて、何をしてきたのかと、そういうところに生きていることの意味を初めて見出せるということならば、人間というのは皆老いて何もできずに死んでいくわけですから、すると人間は最後の最後は、生きている意味を失って死んでいくのか。何ができるかというところに存在の意味、価値を見るなら、何もできなくなったということは、生きている意味がないということです。

私の父親が死にました時、中陰の間手伝ってくれた叔母が、いよいよ東京に帰るという時に私に言い残していった言葉が、「年寄りを殺そうと思うたら、何にもささんこっちゃ」という、その一言でした。築地に住んでいまして、チャキチャキの叔母でしたが、いらん説明一切なしです。本当にこっちの方がキョトンとしまして、何のことかなと思いました。

しかしよく考えてみますと、それは私の母親のことを言っていたのです。こちらとしてはやはり、母も寂しくなったし、いろいろと身体の不調もあるし、だからもうこれからは好きなテレビを好きな時に見て、そして日向ぼっこでもしてと、親孝行のつもりでそう思うのです。ところが母の方はいろいろと気になるのでしょう、「あれはどうなった、あれはどうしとる」ということを言いますが、そのたびに、「そんなことは心配せんでもいいわ、わしらがちゃんと考えて、全部ちゃんとしとるから心配せんでもいい」と、こう言っていたわけです。その時に、その叔母の言い残した言葉ですね、「年寄りを殺そうと思ったら、何にもささんこっちゃ」と。

なるほど、「好きなテレビを見てゴロゴロしておれよ」といったら随分いいようですけれども、それしかさせてもらえないということになったら、これは辛いことです。それこそ生きている意味というものは感じられなくなるのでしょう。自分がここに生きているということが周りと何の関係もない。皆は忙しく、何か一生懸命やって、笑ったり喧嘩をしたりしている。だけど私一人はゴロゴロということになれば、それがたとえ、どれほど心配かけまいとして、下手に手伝ってもらって腰の骨でも痛められたら余計難儀だと、何かそういう計算もあり、ともかくそっとしておいてやるのが母親のためと思っていたとしても、叔母に言わせるとそれは、もう死に追いやることだと。

何か自分はこういうことをしている、だからこの家で必要なんだと、やはりそのしていることで自分の存在に意味を見つけようとします。それこそどれだけ歳を取りましてもそれなりに何かができる元気な間はいいのです。しかし、その母も晩年の三年間は、文字どおり老人性認知症でどうにもなりませんでした。何もちゃんとできませんし、かえって周りが大変な目に遭います。

すると、それでは生きている意味がないのかと。何かしていることに意味があるなら、人間としてちゃんとしたことが何もできないそういう在り方になってしまったら、意味がないということになる。そうしたら人間皆、何かをしたといっても、最後は無意味な存在になって死んでいくのかということになります。

けれども、私はその大変な認知症の母親と三年間を共にしていまして、本当に一つはっきりと教えられたことは、惚《ぼ》けるということは理性が惚けるのであって、いのちが惚けるのではないということです。人間としての欲望とか、羞恥心とか、人間としての自己主張はキチッとあるのです。決してそれは惚けていないですね。ある意味で、理性が惚けているだけに、むき出しにそれは出てくるので、そのむき出しさにわれわれの方がとまどうわけです。

それともう一つ、いわゆる惚けるという時にどういうことが起こるかと言うと、その理性以前に帰るということです。お医者さんの言葉を借りますと、三才以前に帰ると、こう言われています。確かにその頃になりますと、母は目の前にいる自分の産んだ息子のことが全然わからないわけです。子供の見分けが全然つかず、そして私が聞いたことのない名前をしきりに言うのです。たまたま東京にいる叔父が見舞いに来てくれた時に、こういう名前をしきりに言うんだけどと言ったら、それは生まれ故郷の王子にいた時、三才以前のその頃に遊んでいた友達の名前だということです。

そして、ともかく当時の家に帰ろうとするのです。何か遠い場所ということが意識にあるのでしょうか、道に飛び出してトラックだろうと何だろうと、車を全部止めてしまいます。そして、車が止まりますと、さあ車が来たから帰るよと言って、どこに帰るのと言ったら、王子に帰ると言うのです。つまり何かそのように、理知で生き始める前に戻っているのです。

『安心決定鈔《あんじんけつじょうしょう》』という書物があります。どなたがお書きになったものかまだ定かではない、蓮如上人《れんにょしょうにん》（一四一五～一四九九）が非常に尊ばれた御書物です。

しらざるときのいのちも、阿弥陀《あみだ》の御《おん》いのちなりけれども、いとけなきときはしらず、すこしこざかしく自力《じりき》になりて、わがいのちとおもいたらんおり、善知識《ぜんじしき》、もとの阿弥陀《あみだ》のいのちへ帰《き》せよとおしうるをききて

（聖典第二版一一四七頁）

こういう言葉が出てきます。つまり「いとけなきとき」、自分の理知分別で生きていない時は知らず、少し小賢《こざか》しくなりて「わがいのち」と思うと。昔から三才頃の時を第一次反抗期と言っておりましたが、第一次自己主張期と言うべきだと言われたことがあります。確かに、親の立場から言えば反抗期ですけど、子供のいのちの成長から言えば、自分を主張するようになったということだと。

ともかくそういう私を〝もとのいのち〟に呼び帰してくださる、それが善知識、よき人々なんだという文章があります。

そういうことをとおしてあらためて思いますことは、私たちは生きている意味をいつも尋ねるのですが、その根っこには自己という主張があります。けれども、問うべきこと

は、生かされている意味ではないのか。私が私の力で生きているのではないのです。いろんな力を身に受けて、今私はこうして生かされている。するとその生かされている意味は何なんだと。つまり私にかけられている願いは何なんだと。生かされている意味は決して、私は何ができる、何をしたと、そういうことではない。どういう願いがかけられていたかということなのです。

五木寛之《いつきひろゆき》さんの『大河の一滴』の中に出ている文章で、ある学者が三十センチ四方、深さ五十センチの木の箱に砂を入れ、一本のライ麦の苗を植えた。そして、水をやりながら数カ月育てた。そしてそれから箱をバラして土を払って、目に見える根の部分はものさしで測り、それからもう目に見えないほど細かい根毛というのがあるそうですが、それも全部顕微鏡で細かく調べて、その長さを測ったら、その総延長数は一万一千二百キロメートルに及ぶと。わずか一本の、それも小さな箱に植えられたヒョロヒョロとした苗ですが、その貧弱なライ麦を生かすために、一万一千二百キロメートルからの根が生えて育てていると。それだけの根っこが細かく根を張り巡らし、

そこから日々、水とかカリ分とか窒素とかリン酸その他の養分を休みなく努力して吸いあげながら、それによってようやく一本の貧弱なライ麦の苗がそこに命をながらえ

る。命をささえるというのは、じつにそのような大変な営みなのです。

そうだとすれば、そこに育った、たいした実もついていない、色つやもそんなによくないであろう貧弱なライ麦の苗に対して、おまえ、実が少ないじゃないかとか、背丈が低いじゃないかとか、色つやもよくないじゃないかとか、非難したり悪口を言ったりする気にはなれません。よくがんばってそこまでのびてきたな、よくその命をささえてきたな、と、そのライ麦の根に対する賛嘆の言葉を述べるしかないような気がするのです。

(『大河の一滴』「ラジオ深夜一夜物語」幻冬舎)

そして、私たちが生きているということがどれだけの多くのはたらきを身に受けて生きているのかということをこの後ずっと、五木さんは書いておられます。

何か私たちは、いわゆる自我、理性というところに立ってから、生きている意味をいろんな形で主張し、あるいは他の存在とその生きている意味の大きい小さいを比べたりもしています。けれどもそうでなくて、大事なことは、生かされてあることの意味ではないのか。多くの力に促され、多くの力に支えられて、今この私が生きている、その事実をどう受け止めていくのか。その事実にどう応えて生きていくのか。

そこに親鸞聖人にあっては、生きるということがそのまま、実は「知恩《ちおん》」という言葉でおさえられます。その「知恩」の心こそ親鸞聖人のその生活を貫く言葉です。そういうこの「知恩」の心に立つ時初めて、私たちは自分というものに対する、人間としての謙虚さというものを呼び覚まされるのではないか。他のいのちに対しても自分のものさしだけで測らずに、そのもの、それ自身のそのかけがえのないいのちというものを尊ぶと、そういうことが起こるのでないかと思います。

第一章に「摂取不捨の利益」という言葉がありますが、親鸞聖人は信心の利益として十種あげられる中の一つとして、「知恩報徳《ちおんほうとく》の益《やく》」（『教行信証』信巻・聖典第二版二七三頁）という言葉をあげておられます。これは決して、何か自分にしてもらったことに対する、言うならばお礼参りのような、信心のおかげでこうなりましたと、おかげさまでと、そのご恩をもってそれにお礼をするという、そういう意味ではありません。知恩報徳の心を呼び覚まされる、それが信心の利益だという意味です。

本当にいつも自己主張しかしない、自己固執《こしつ》にとらわれている。そういう私たちに知恩という心、その恩に報いずにはおれないというような感覚、心を呼び覚まされると。人間として、これほど大きな喜び、大きな力になるものはないというように私は思います。「摂取不捨の利益」ということも、そういうところにあらためて思われるのです。

四　念仏の心

南無阿弥陀仏のすがた

『歎異抄』の第一章はこれまでも申しましたように、一切の説明の言葉はなく、一句一句がある意味で詩《うた》のように響いてくる文章です。その意味では、あれこれ申しますことで、かえって第一章の心というものを見失うという恐れもあるわけです。しかし、そこに私ども真宗門徒にとりまして大事な言葉があげられています。「弥陀の誓願不思議」とか「往生」と、それから前回は「摂取不捨の利益」という言葉を取り上げさせていただきましたが、その間に一つ「念仏もうさんとおもいたつこころのおこるとき」という言葉があります。

それで、ある時ご門徒の家にお参りに行きますと、その近所の方が遊びに来られていて、おばあさん同士ですけども、「あんたんとこは何宗や」と、こう聞かれる。そうするとだいたい「ナンマンダブツや」と答えられるのです。何宗ということはわからなくても「ナンマンダブツ」と、念仏ということは心に置いておられるということがありました。それほど、真宗イコールお念仏ということがあるのですが、この念仏ということほど何かはっきりしないと言いますか、ある意味では腑《ふ》に落ちない言葉はないわけです。

例えばマラソンのように、自分がしんどい思いに耐えて、何かやり抜いたという時には満足感と喜びというものが与えられてきますが、「ナンマンダブツ」と言いましても一向に満足感や、あるいは自分が活き活きとしてくるということになってこない。「ナンマンダブツ」しかないんだと、こう言われながら、何かこれだけなのかなという、そういう思いも絶えず引きずっているということがあるかと思います。私どもがそれこそ「ナンマンダブツ」と言いましても、周りの人も、何をあの人言うてるのかなと、何か場違いだなという感じを持たれる。

武内義範《たけうちよしのり》という京都大学の宗教哲学の先生がおられましたが、『親鸞と現代』（中公新書）の中で、こういうことをおっしゃっていました。お念仏というのは何をしている時でも、あるいはいつ、どこで、どういうことに関わっている時でも、つまり行住坐臥《ぎょうじゅうざが》ですね。

歩いている時も、座っている時も、横になっている時も、時処諸縁を選ばずと教えられているると。だけど例えば喫茶店へ入って店の方がコーヒーを持ってきてくださった時に、「ナンマンダブツ」と言ったらびっくりするだろうと。どうもそぐわないのではないかと。それが例えば一人のおばあさんが、お茶室でお茶をいただく時に「ナンマンダブツ」と言われても、これはその場の雰囲気に沿い、ちぐはぐな気持ちを与えないと。何かやはりそこには異なりがあるようだと。そしてその異なりのところに何か大事な問題があるように思われると、こういうことをおっしゃっています。

これもおもしろいご指摘だと思うのです。考えてみますと、どう違うのか。なぜ喫茶店でそぐわなくて、お茶室では合うのか。お茶室は古くさくて、喫茶店は新しいと、何かそういうことだけなのか。そこにふと思いましたのは、喫茶店とお茶室、それぞれの入り方です。正式にはお茶室の場合はにじり口から入るわけです。にじり口から入るということは体を二つに折って、膝を折って入るわけですが、「南無」という、「ナマス」というインドの言葉の一番その元の意味は、この膝を折るという意味なのです。膝を屈する、それは当然頭を下げるということを意味してくるわけですけども、まずお茶室の場合はそのように膝を屈して、そして部屋に入ると。その部屋は、主人が迎える心をもって、それこそお茶室に至る道、その露地の道の両脇のたたずまいとか、手を洗う所とか、すべてのことにいろいろと心づくしがされており、そのお茶室の中のあらゆる道具も、その心で選ばれている。そしてその場では主人と主客とか、いろいろな役割が与えられて、一期一会《いちごいちえ》の集まりを持つと、そういう世界です。

それに対して喫茶店の方はだいたい膝を屈するなどということはありません。そして何よりも、どこにあっても自分の部屋にいるような、ここは俺の領分だという、いわゆるポータブルテリトリーです。自分の気分をそのまま持ち込んで、そして自分の気分のままに楽しむ場所です。同じ部屋に誰がいても無関係です。周りの人が何をしていようと関係なしに自分だけの気分の中にしずみこんで、コーヒーを一人すすったり、あるいは仲間と話したりと。何かそこでは念仏という、「ナンマンダブツ」という言葉はまったく響いていかない、頷かれていかない。

そういう茶室と喫茶店ということで言えば、ある意味で現代は街中が喫茶店です。駅のホームであろうと電車であろうと道を歩いている時であろうと、自分たちだけの世界をそのまま持ち歩いて生活している。そこではいよいよお念仏というものは、通らないものになってきてしまっていると。何かそういうことが一つ武内先生のご指摘をとおして注意されることです。

そこであらためて、一体お念仏とは何か。それは「南無阿弥陀仏」と、阿弥陀如来の名を称《とな》えることであるわけですけれども、つまり名号《みょうごう》（南無阿弥陀仏）を称《しょう》する、称える。その「名」とは一体何だろうということが、あらためて私には問いになるわけです。なぜ名を称えるのかということです。これがどうも私にはよくわかりませんでした。

「名」の重さ

そういう時にたまたま読ませてもらったのが、石原吉郎《いしはらよしろう》という詩人であり評論家でもあった方ですが、この方の『望郷と海』と『断念の海から』という二冊の本でした。その中で、ああ名というのはこういうことであったな、ということをあらためて教えられたわけです。

石原さんは先の戦争で、敗戦とともにシベリアに連れて行かれて、二十五年の刑を言い渡されたと。そして零下四十度という厳しい自然環境の中で大変な重労働を強《し》いられる。しかも食事は最悪なわけです。食器というものもなかったそうで、日本の兵隊さんが持って行った飯盒《はんごう》が二人に一つずつ渡されて、そこに二人分の、それこそ粟《あわ》が泳いでいるようなお粥《かゆ》です。そういうものを支給される。それを二人で分けて食べなくてはならない。これがもう大変なことなのです。粥類の時はいいが、豆類のスープの時は、まずそのお汁《つゆ》をきっちりとスプーンで計って二つに分ける。そして今度はわずかな豆を一粒一粒より分けるそうです。それほどしないとそれこそ大変な争いになります。お互いに飢えの中に投げ出されているわけですから。そういう抑留生活をされたのです。表題に「望郷と海」、「断念の海」とありますが、この海は自分の故郷と自分を隔てている海です。そして、そこで少しでも早く帰りたいとか、何とか帰りたいと、そういう夢を引きずっていた者は全部死んでいったと。逆に、もう俺は帰れないという断念の上に生きた者だけが何とか生き抜いてきたそうです。ともかくそういう中で、石原さんがあらためてその「名」ということの重さを思い知らされたということです。

その一番最初に「百人の死は悲劇だが　百万人の死は統計だ」という、あのナチスドイツのアイヒマンという人の言葉があげられています。ジェノサイド、大量殺戮についてです。これは悲しいことに世界のいろんな所であったわけです。

ジェノサイド（大量殺戮）という言葉は、私にはついに理解できない言葉である。ただ、この言葉のおそろしさだけは実感できる。ジェノサイドのおそろしさは、一時に大量の人間が殺戮されることにあるのではない。そのなかに、ひとりひとりの死がないということが、私にはおそろしいのだ。人間が被害においてついに自立できず、ただ集団であるにすぎないときは、その死においても自立することなく、集団のままであるだろう。死においてただ数であるとき、それは絶望そのものである。

（『望郷と海』「確認されない死のなかで」筑摩書房）

つまり死において、その人の個性とか人格とか、その人の生涯というのはまったく無視されていると。ただ数の中の一人ということでしかない。そこではまったくその人の人生は根底から抹殺されていると。ただ殺されたということの悲惨さだけでない、その人生を消し去られているということのやりきれなさですね。だから、

人は死において、ひとりひとりその名を呼ばれなければならないものなのだ。

「みじかくも美しく燃え」という映画を私は見なかった。だが、そのラストシーンについて嵯峨信之氏が語るのを聞いたとき、不思議な感動をおぼえた。映画は、心中を決意した男女が、死場所を求めて急ぐ場面で終るが、最後に路傍で出会った見知らぬ男に、男が名前をたずね、そして自分の名を告げて去る。

私がこの話を聞いたとき考えたのは、死にさいして、最後にいかんともしがたく人

間に残されるのは、彼がその死の瞬間まで存在したことを、誰かに確認させたいという希求であり、同時にそれは、彼が結局は彼として死んだということを確認させたいという衝動ではないかということであった。そしてその確認の手段として、最後に彼に残されたものは、彼の名前だけだという事実は、背すじが寒くなるような承認である。にもかかわらず、それが、彼に残されたただ一つの証しであると知ったとき、人は祈るような思いで、おのれの名におのれの存在のすべてを賭けるだろう。（同前）

そこでは名というものは、ただ人と区別する記号ではないと。その自分というものをこの世に刻み込む、人に伝える、そのすべての手段が成り立たなくなった時、最後に残されるもの、それが祈るような思いでおのれの名におのれの存在のすべてを賭けるという、そのことしかないと。

いわば一個の符号にすぎない一人の名前が、一人の人間にとってそれほど決定的な意味を持つのはなぜか。それは、まさしくそれが、一個のまぎれがたい符号だからであり、それが単なる番号におけるような連続性を、はっきりと拒んでいるからにほかならない。ここでは、疎外ということはむしろ救いであり、峻別されることは祝福である。（同前）

「それが単なる番号におけるような連続性を、はっきりと拒んでいるからにほかならない」と。「宮城顗」という名前ならば、その名は私は私だという一つの名のりであるわけです。そして、周りの人と区別されるということ、そのことが救いでもあり祝福でもあると。それで、「私がこう考えるのは、敗戦後シベリヤの強制収容所で、ほぼこれとおなじ実感をもったからである」（同前）と。

当時、その捕虜収容所があちこちにあり、そのAからBへ、CからDへと、捕虜の日本人が移動することがあるわけですが、その途中の中継収容所、ロシア語でペレスールカでのことです。

しばしば北へのぼる日本人と、南へくだる日本人とが、おなじペレスールカで落ちあうことがある。お互いに日本人であるというだけで、別に顔見知りでもなんでもない場合がほとんどですが、たとえば北へ行く日本人は、南へ行く日本人に自分の名前をおしえて別れるわけです。そういう場面になんどか出会ってみて、はじめて、人間の名前というものがもつ不思議な重さを実感したわけです。

つまり、言いたいことは山ほどあるにしても、そのようなあわただしい場面で、手みじかに、明確に相手に伝えなければならない、さいごの唯一つのものは、結局は姓名、名前でしかないわけです。その姓名の、自分にとっての重さというのは、結局はその人にしか分らないのですが、せめて名前だけは、南へくだって、さらに別の人へ伝えてほしいという願いの痛切さだけは、相手に伝わるわけです。そのようにして、言いつぎ語りつがれた姓名が、いつの日かは日本の岸辺へたどりつくことがあるかもしれない。その時には、自分はもうこの世にはいないかもしれないけれど、せめて自分の姓名がとどくことによって、その時までは自分が生きていたという確証はのこる。

それはほとんど願望を通りこして、すでに祈りのようなものではなかったかと私は思います。私自身、そのようにしてついに日本に帰らなかった何人かの日本人を知っております。

また、日本人にほとんど会わないときでも、申しあわせたように、中継収容所の壁には日本人の名前が彫りこんである。私には、それらの文字が、「からだはとどかなくても、名前だけはとどけてくれ」と言っているように思えたわけです。

（『断念の海から』「詩と信仰と断念と」日本基督教団出版局）

こういう文章です。私などは、それまで名前ということをただ私は彼ではない、私だよということを人に伝えるための区別の意味を持ったものだと、そういうふうに思っていました。

ご承知のように「名」という字は、夕方に口ですから、夕方見分けがつかなくなった時に、口で「私は誰それだ」と自分を相手に伝えると、そういう意味からできた文字です。だけれどもそこに、すべての希望と言いますか、この石原さんの言葉で言えば、もう最後にいかんともしがたく人間に残されるのは、ただ祈るような思いで自分の名を相手に伝えると、そういうことしかできないんだと。その存在の全体を祈るような思いをもって、刻み込むものであり、自分というものを本当に人に、あるいはこの世に伝えていく最後の唯一の手段、それが名ということだと。

称名から聞名へ

ですから名前というものは抽象的なものではなくて、実は名前こそがもっとも具体的なものなんだと。言い換えれば、私たちは物事に名前をとおして出会うわけです。名前がわからないと言葉をたくさん使いますが、それでも曖昧です。また、物を見た、美しい花なら美しい花を見た、感動したと。感動したと言いましても、その花の名前がわからないと、その感動はすぐ消えてしまいます。だけどその花の名と共に心に刻み込まれる時、その美しさを人に伝えることもできる。具体的に刻み込まれる。その名というものは、自分というものを人に伝える最後のもっとも具体的な道なんだということです。

ですから、仏は名にまでなられると言うのです。仏にただレッテルを貼ったわけではありません。仏は名としてはたらくのだと。名にまでなって自らのその心を、それこそ祈るような思いで、すべての人に伝えようとする、その最後の道が名のるということなんだと。そういうことがあらためて石原さんの言葉で、文章で教えられたわけです。

ですから、私たちは自分というものを人に受け止めてもらう時に、やはり名において受け止めてもらうということです。いつも申すことですが、人の心をつかまなければならない仕事というのは、名前を覚えないとつとまらないわけです。名前を呼んで、いつもお世話になっていますとか、声をかけると、呼ばれた人は、ああ覚えていてくれてたんだなあとか、自分の力を感じてくれているんだなあと、こう感動する。だけどそれが、「ああ、君誰だったかね」などと言われた日には、ガクッときてしまいます。ですから、そこにやはり名前を呼ぶということが、心を開いてもらう大きな道になるわけです。

そういう意味で、名前というものは大きな通路なのです。心と心を繋ぐ大きな通路であり、それは石原さんの文章をとおして言えば、最後の最後の通路。そこでは名前に自分のすべてを込めて祈るような思いで人に我が名を名のるということがあるわけです。

そして今この念仏という場合、それはまさしくそういう名です。「弥陀の願心」という、その願いの心というものをいろんな言葉で、誓われもし、表されもするわけですけれども、最後はそれを名にまで具体的にしていくと。その名にすべての願いを込めて名のる、そういう意味がそこにはあるわけです。ですからその名を「称」えるという字も、「唱」ではないわけですね。声に出して名をあげる、口にするというのが「唱」です。この場合は唱えるという行為が意味を持つわけですから、一日に何べん唱えているかということが問われるわけです。一日に百ぺんではだめだ、一万べんは唱えなければと、こういうように言われることがあります。

それに対して私どもの方の称名《しょうみょう》という時の「称」は決して単に口に声を出すという言葉ではないわけです。親鸞聖人の『一念多念文意』という御書物の中に出ているお言葉です。

「称《しょう》」は、御《み》なをとなうるとなり。また、「称《しょう》」は、はかりというこころなり。はかりというは、もののほどをさだむることなり。名号《みょうごう》を称《しょう》すること、とこえ、ひと

こえ、きくひと、うたがうこころ、一念《いちねん》もなければ、実報土《じっぽうど》へうまるともうすこころなり。（聖典第二版六六八頁）

「称」という字は「はかり」という字だと。はかりというのは「もののほどをさだむる」、ものの重さを決める、はかるわけです。今の秤《はかり》は全部デジタルですけども、昔の秤はどういう秤であれ品物と分銅《ふんどう》、その重さがピタッと一つに、水平に保たれる時にそこの目盛りを読んで、これはいくらいくらと重さをはかるわけです。ですから称名の「称」という字は二つのものがピタッと一つになるということが一番元の意味なのです。つまり先ほど言いましたように、名は深い祈りを込めて自分を手渡そうとする、その名に託された、名のりの心と言ってもいいでしょうか、その名のりの心と、それを受けて、その名を称える心と、つまり仏の名のりの心と、私のその名を称える心とがピタッと一つになるということが称名の「称」なのです。声に出したか出さないかではないと。名のりの心を本当に身に受けると、身に聞き取るということが実は名を称えるということの意味なんだと。

ですから親鸞聖人は「名号を称すること、とこえ、ひとこえ、きくひと」と。「きくひと」と書いてあるのです。普通なら「名号を称すること、とこえ、ひとこえ、となえるひと、うたがうこころ、一念もなければ」と、そういう文章になるところですけども、親鸞聖人はそうおっしゃらずに「きくひと」と、おっしゃっています。称名とは実は、私どもの上においては「聞名《もんみょう》」なんだという、このことを親鸞聖人は『教行信証』という書物の中でも非常に大事に教えてくださっているわけです。ですから念仏申すということは、念仏申してくれという、その呼びかけを聞くこと、名に込められたその願心、願いの心というものを聞くこと、それが実は称名ということだと、こういうことがそこにはおさえられているかと思います。特に「きくひと」という、その言葉のところに私は非常に大事な意味が込められてあるということを思うわけです。

報恩の念仏

その意味で、米沢英雄《よねざわひでお》という福井にいらっしゃったお医者さんがこういう言い方をしておられます。「念仏は請求書ではない、領収証だ」と。おもしろい言い方です。これだけ熱心に唱えていますよと、その自分の行為を仏に差し向けて、どうかそれに応じたご利益をという場合は、これは請求書でしょう。だけど念仏はそうではないんだと。請求書ではない領収証だと。領いた心であり、いただいた心なんだと。自分にかけられている願いというものを、その名をとおして聞き取った、頷いたその心が念仏の心であって、確かな世界をいただいた、そういう領収証だとおっしゃっています。その意味では、私どもはどこかでいつの間にか請求書的な気持ちを抱えている。何か念仏することで何とかなるはずだと、何とかして欲しいと。こちらの要求を念仏申すことをとおして主張していくということになっている。そういうことをあらためて教えられるわけです。

その領収証ということを「知恩」と言ってもいいですが、蓮如上人は「報恩」という言葉で表されています。報恩の念仏、信心をいただくということは結局その願心をいただくということなのですが、その願心をいただいたうえのお念仏というのは報恩のお念仏だと、こういうことを蓮如上人は繰り返しおっしゃっています。そのお言葉を読ませていただきますと、

「信《しん》のうえは、仏恩《ぶっとん》の称名《しょうみょう》、退転《たいてん》あるまじきことなり。或《ある》いは、心《こころ》より、とうとくあり難《がた》く存《ぞん》ずるをば、仏恩《ぶっとん》と思《おも》い、ただ念仏《ねんぶつ》の申《もう》され候《そうろ》うをば、それほどに思《おも》わざること、大《おお》きなる誤《あやま》りなり。自《おの》ずから念仏《ねんぶつ》の申《もう》され候《そうろ》うこそ、仏智《ぶっち》の御《おん》もよおし、仏恩《ぶっとん》の称名《しょうみょう》なれ」と仰《おお》せ事《ごと》に候《そうろ》う。

（『蓮如上人御一代記聞書』一七九・聖典第二版一〇六〇頁）

何かいろいろな事柄のうえで、尊くありがたいこと、そういうものをもらった時にご恩ということを感ずるけれども、念仏申されることをご恩などとは、それほどに思わない。そういうことは、大きな誤りだと。それから、

蓮如上人《れんにょしょうにん》、仰《おお》せられ候《そうろ》う。「信《しん》のうえは、とうとく思《おも》いて申《もう》す念仏《ねんぶつ》も、又《また》、ふと申《もう》す念仏《ねんぶつ》も、仏恩《ぶっとん》に備《そな》わるなり。他宗《たしゅう》には、親《おや》のため、又《また》、何《なに》のため、なんどとて、念仏《ねんぶつ》をつかうなり。聖人《しょうにん》の御流《ごりゅう》には、弥陀《みだ》をたのむが念仏《ねんぶつ》なり。そのうえの称名《しょうみょう》は、なにともあれ、仏恩《ぶっとん》になるものなり」と仰《おお》せられ候《そうろ》う云々《うんぬん》（同一八〇）

こういう言葉であげられていますが、そこに蓮如上人は「称名」ということについて、常に「仏恩」ということをおさえておっしゃっています。そこにある意味で申しますと、お念仏というのは何かと言えば仏恩を感ずる、仏恩を知るということだと、恩を知るということだと、こういう意味が一つおさえられてくるわけです。そういうことをまた少し考えさせていただこうと思うのですけども、一応私どもにとって名というものが単なるレッテルではないということを、まず心に置いていただければと思います。

ここまで「名」ということで少しお話ししてきました。現実社会におきましても、いろんな経済活動の中でコマーシャルということが大きな位置を占めるわけですが、大変な

お金をかけるコマーシャルも結局はその名を売り込むということです。あの商品ならどこそこのとか、名をとおしてその商品というものが伝わっていく。あるいは何か社会で成功することを「有名」になると、「名が有る」という、ああいう言い方にも名というものがいかに社会生活の中で大きなはたらきを持っているかが教えられるわけです。そして、その名をとおしてその心に触れる。その心に触れ心をいただくということが、この信心の「信」という言葉です。そしていただいた後、日々念仏申す、それはその恩を深く知るということであると、蓮如上人は、こう繰り返しおっしゃるわけですが、問題はその恩ということです。

実は「恩」という言葉はなかなか英訳できないそうです。いわゆる自分が何か具体的なことをしてもらったその事柄に対してありがとうと、いわゆるサンキューと言うそういう意味のお礼の言葉はありますけれども、一口で言えば自分が今こうして生きてあるということに深い恩を感ずるとか、何かそういう「恩」という言葉、これが英語にはなかなか見あたらないと。

仏教におきましては、一つのことが成り立つということには限りない、おかげと言ってもいいですが、縁があると。その縁を表す言葉はいろいろあるわけですが、その中で一番積極的な意味で用いられますものが「増上縁《ぞうじょうえん》」という言葉です。増上縁には「有力増上縁」と「無力増上縁」と二つがおさえられるわけです。有力の方は、例えば今日ここに自分がいるということに積極的に力になってくれたもの、これが「有力増上縁」ですね。それはお一人お一人いろいろご縁があったと思います。誰かに誘われたとか、それぞれご事情は違うでしょうけれど、ともかく私をここへ、ここまで足を運ばせたいろんなはたらきかけ、そういうものがあったかと思います。それが有力増力縁という言葉でおさえられます。

そしてもう一つは、そのように積極的にそのことを押し進める力にはなってないけれども、碍げなかったという、この碍げないということが大きなおかげなのです。今日こちらへ来る時に予定どおり新幹線が走ってくれた、これは「無力増上縁」です。その私がここへ来るのを碍げない。ですから仏教では、一つのもの、私なら私でいいんですけども、それが成り立っている時には、私以外のすべてのものが増上縁になっていると。有力か無力として私の存在を成り立たせ、支えてくださっていると。そういう捉え方が仏教にはあるわけです。

私の決断で、私の考えですべてを生きていると、そういうことではない。そこには多くのはたらきかけをはからずも身に受けて、そのおかげでということがあるわけです。それはもう「弥陀の誓願不思議」とあります、あの不思議です。自分がいろんな理性で考えても決してこうだからこうだとは言えない思いを超えたはたらきかけ、そういうものが今私をここにこういうものとしてあらしめていると。そのことに感ずる大きな「恩」ということです。

ですから「恩」とは、これは文字によって感ずることですけども、「因」を知る心です。私がこうして今ここにいることが、どういうことによってあるのか、その因を感ずる心。だいたい〝ありがたい〟と思うのはその因に触れた時です。

信ずるということには深い意味がありますが、本当に心からいただくというその如来回《にょらいえ》向《こう》の信受《しんじゅ》ということに、それこそ「因位《いんに》」と「果位《かい》」とがあると、こういうことを親鸞聖人はわざわざおっしゃっています。信心について、「信心獲得《ぎゃくとく》」と言いますけども、同じ信を「うる」と言いましても、その「獲」と「得」とを分けて親鸞聖人は、

「獲《ぎゃく》」の字《じ》は、因位《いんに》のときうるを「獲《ぎゃく》」という。「得《とく》」の字《じ》は、果位《かい》のときにいたりてうることを「得《とく》」というなり。

（「正像末和讃」聖典第二版六二五頁）

「獲」は因位のときの言葉、「得」は果位のときを表す言葉、獲信と得信と、こう区別

しておられます。それで因位のときの信とは何かと言うと、それは賜ったものだけを受け取っていくのが「獲」という姿だと。それに対して賜ったものをとおして、それを私に与えようとそれまでにいろいろとしてくださった心、その心を同時に受け取っていくのが「得」という果位の得信の姿だと、こういう言い方です。

例えば、料理でもこの頃私どもは出来上がったものでしか見ない。出来上がったものをおいしいか、まずいか、いろいろ文句を言ったりして、ただいただいているわけですが、昔は特に火を起こすことからして大変でした。コンロに火を起こすにも、紙から消し炭、消し炭から薪と、だんだん火力の強いものを入れていくわけです。一つのものを煮るということでも大変な時間を要しますし、御飯を炊くということもじっとかまどについて、火加減して作ると。そういう御飯が出てくるまでの苦労と言いますか、心、そういうものをいただく時に〝ありがたい〟という、つまり「因位」の願いを知る時に「恩」を感ずるということがやはりあるのでしょう。ただいただくという時には「恩」ということはないのです。せいぜい、よかったなと思うぐらいで、サンキューで終わるのでしょう。やはり恩を感ずるというのは、どこまでも因位の願心を受け取ると。それをしてくださる、してくださった心、そしてそれを私に手渡してくださるまでのいろんな苦労、そういうものを感ずる時、そこに「果」として深い恩を感ずるということです。

私がこうしてあるということに、大きな恩を感ずる、そういう心というものを呼び覚ましてくるもの。そういう意味を蓮如上人は報恩の念仏と、こういう言葉で繰り返し教えてきてくださったのではないかということをあらためて思うわけです。

老いということ

この第一章の後の方に、「弥陀の本願には老少善悪のひとをえらばれず。ただ信心を要とすとしるべし」とあります。善悪ということについては、この後第二章、第三章、特に第三章のところで、悪人という問題が具体的に問われてくるわけですが、この「老少」という言葉がわざわざそこに置かれていることの意味を感ずるわけです。

これは仏教においてもいわゆる自力聖道《じりきしょうどう》の道には積善《せきぜん》ということがあり、善根を積んで、そしてその積んだ善根の功によって果を求めていくという道ですが、そこでも能力ということは求められてくるわけです。善根を積むにも力がいるのです。ところが老いという問題は実はそういう力が奪い取られていくということなのです。老いというものを実感するのは、何か自分が今までできたことが、もう今の自分にはできない、無理になったと、こう断念させられる時です。ですからその老いの問題というのは、力を尽くして生きていく、自分の力によって生きていくという世界にあっては致命傷になります。これは蓮如上人のお言葉ですが、

仏法者《ぶっぽうしゃ》、もうされ候《そうろ》う。「わかきとき、仏法《ぶっぽう》はたしなめ」と候《そうろ》う。「としよれば、行歩《ぎょうぶ》もかなわず、ねむたくもあるなり。ただ、わかきとき、たしなめ」と候《そうろ》う。
（『蓮如上人御一代記聞書』六三・聖典第二版一〇三九頁）

まさに実感です。これは聞法《もんぽう》ということの上でもそうです。こういう場があると知っても、ここへ来られるまでは大変です。老いてくれば、それも行歩もかなわず、ということになれば、そういう場に加わるということもできません。また眠たくもあるなりです。集中力がなくなってくるわけです。あれは本当にひどいですね。一生懸命目を押し上げているつもりが、気がついたら寝ているということがたびたびあります。老いというものは、その意味では悲しいものです。

この老いということについて、例えばグリムの有名な童話の中に「寿命」というお話があります。それは神様がこの世をお創りになり、そして生き物をお創りになった。その時に生き物の寿命を全部一律三十年と、こう決められたというのです。そうしたら最初に

ロバがやって来て神様に文句を言ったわけです。初めに私の寿命は何年ですかと聞いたら三十年。そうしたらとんでもないと。重たい荷物を背負わされて、尻を叩かれて、そして一生懸命やって食べさせてもらえるのは枯れ草だと。そんな生活を三十年もさせられてはたまらん、だから何とか短くしてくれと、こう頼んだ。それでロバの寿命を十八年縮められた。その次に犬がやってきて、やっぱり寿命は三十年と聞いて、とんでもないと。走りたくもないのに走らされたり、年とってきたらワンワン吠えたって誰も怖がってくれない。三十年も生かされたらたまらんと、こう言ったので、それならと神様は犬の寿命を十二年縮められた。そして、その次に来たのが猿だそうでして、猿もとんでもないと。いつも人を笑わせるためにおかしな芸をしたり、赤いお尻だ、赤い顔だといって笑われたり、そんなのが三十年も続いたらたまったものでないと。もっと短くしてくれと言ったら、それなら十年短くしてやると、おっしゃったそうです。

それで最後に来たのが人間だそうです。人間は寿命三十年と聞いて、とんでもないと。そんなに短くてどうするんだと、もっと長生きさせろということで神様に迫ったら、それならロバの十八年の寿命をお前にやろうとおっしゃったというのです。するとまだまだ足りないと、こう言って求めたので、それでは犬の十二年の寿命もお前に加えてやろうと。

そうしたらまだまだ、もう一声とこう言うので、最後に猿の寿命の十年をもらったと。それで、全部合わせて七十年の寿命をもらったということです。

そこで七十年の寿命になったけど、人間としての寿命は三十年しかないのだと。それからの寿命はロバと同じ、それこそ家庭を抱えて汗水垂らして生活を立てていくために、必死の思いで働かなければならない十八年が続く。それでやれやれと思っていると、その頃はだいぶ疲れてきて、いろいろと若い者に文句を言ったって誰も聞いてくれない。勝手に吠えておれというような、そういう犬の寿命が十二年続くと。そしてさらにその上になりますと、人から老いてしまったと言われて、そういう猿の寿命の十年が続くんだと。こういう童話なのです。だいたい童話というのは無邪気なものですが、このグリムの童話というのは、ほのぼのしてくるどころか何かげんなりしてきます。ですけども、こういうところにも実は力というものを存在の柱とする考え方があるわけです。

一方、だいたい東洋の捉えるライフサイクルというのは、老年の方に人間としての成就、人生の完成というようなことを見ていきます。これはご承知のように孔子《こうし》（前五五一～四七九）の「三十にして立つ」、やっと一人前になったということでしょう。これから始まると。そして「四十にして惑わず」です。確かな歩み、確かな生活が初めてそこに営まれるようになってくると。そして「五十にして天命を知る」ということは、つまり私が私の命だけで生きているのではないと。そこに私を超えた限りないはたらきかけを受けて、私は今この命を生かさせてもらっているという、そういうことに頷いていく智慧を持つ。これが天命を知るということでしょう。そして「六十にして耳順《じじゅん》」、人の言葉に耳を傾けるということです。六十ぐらいになると肉体的に耳は遠くなったりします。けれどもその言葉の重さというものを初めて感ずるようになる。それこそ人生の酸いも甘いもいろんな体験を重ねて、初めて一人ひとりの言葉に、素直に耳を傾けられると。それまでは自分を中心に生きますから、初めから問題にしないというようなこともあるわけですけれども、何かそういう言葉に耳を傾けられるというのが耳順ということでしょう。

そして最後が「七十にして心の欲するところに従って、矩《のり》を踰《こ》えず」という、正に自分の思いのままにしていることが、そのまま人間の本来に適っていると。何かそういう自然《じねん》という言葉、自然《しぜん》という言葉です。その存在が自然な存在になっていると、そういう言い方です。そこでは年齢とともに初めて人間としての完成、成就を見ていく。その成就とは周りと一つになっていく。その人がその人として生きていくことがそのまま周りに溶け込み、周りと心を通わせながら生きていく、そういうところに矩を踰えずという言葉もおさえられるかと思います。

そういう中で結局教えられることは、人は決して個人、自分だけの力で生きているのではないということです。そこに自分以外のあらゆる存在、あらゆるもののおかげを受けて、恩を受けて生きている。そこに私が生きてあることに深い不思議を感ずる、恩を感ずる。そういう恩を感じながら自分というもの、自分の人生を深くいただいていく、そういう心が実は念仏申すという心なのでしょう。いのちのその深い不思議を知れと。我が思いをもって生きているのですが、自分の身体一つ自分の思いでは自由にできない。そういう事実から振り返らされますと、私が今ここにあるということは決して自分の意思とか自分の力だけでない多くのおかげを身に受けて、今私はここにあると。そのことに深く頷き、そのことにおいてこの自分のいのちの事実を深くいただくというところに、念仏申す心というものがあるんだと言っていいかと思います。私にかけられてあった願い、私に賜っているいろんなはたらきかけ、そういうものをとおして私のいのちに深く頷いていく、そこにこの念仏の生活ということがあるのです。そういう念仏の生活ということを私どもが失う時、結局私どもは自分のこの理知、分別を立場にしか生きていけないわけですし、そこでは結局優劣を競い、自他の矛盾に引き裂かれていく、そういう生活になるのではないでしょうか。

念仏申すということは、それぞれの具体的な生活の事実の中で身に頷かれた言葉でありまして、何か筋道立ててこうだと言い切れるというものではありません。けれどもその心をおさえれば、文字どおり「知恩の心」を呼び覚まされるということが、その念仏の大きなおかげではないか、そういうことをあらためて感じさせられています。

五　いのち響き合う時

人間の心を失わせるもの

　お念仏によってどういう救いを私たちがこの身に得ることができるのか。道元禅師は「念仏で助かるなら、田んぼの蛙はみんな助かっているだろう」とまで言われたわけですが、念仏の救いというものはそうではない、こうなのだと言おうとしても私どもにはっきりしないわけです。ここにあらためて思いますことは、私どものいのちというものは、互いに響き合っているということ。互いに響き合ういのちをこの身にいただいているということです。

　それこそ自分から表現をすることができないように見える赤ちゃんの時から、すでに心の通い合いというものを人間のいのちは求めているのです。テレビなどでも「ネグレクト

（無視）」という問題が取り上げられますが、自分の気持ちをすべて無視される時、人は人間であることを失っていく。人間としての感情、人間としての表現すべてを失って、まるで物のような、無感情で決して目を合わせることのない存在になっていくという指摘がされています。つまり、そこに教えられてきます一つのことは、「私のいのち」と言っていますけれども、そのいのちは決して私だけで成り立ついのちではないということです。もしすべてから無視されるのであれば、私のいのちと言っているものは、まったく人間としての在り方を失っていくということです。

これは私が勤めさせていただいています大学の幼児教育学科の主任の先生の御著作で拝見したのですが、動物は赤子にお乳を飲ませる時が一番危険な時だそうです。普通は大きな動物が来ないように子供を狭い空間で守っていますが、授乳の時だけは子供が親のもとへ出て行き、母親もまた乳を与えるためにお腹を晒《さら》して横になる。これは動物にとってとても無防備な姿勢です。親にとっても子にとっても非常に危険な時なため、動物というのはみんな途中で口を離したりせず、一気に乳を飲むそうです。ところが、人間の赤ちゃんだけは一気に飲まない。途中で口を離してキョロキョロしたりということが絶えずあります。そのことについては、口の中にたまった乳を飲み込むためとか、胸で鼻が塞がれているので息を吸うためとか、さまざまな説があるそうです。

その本によりますと、百組の親子を半分ずつに分け、A班の方は赤ちゃんが口を離すとあやしたり言葉をかけたりと、いろいろと呼びかけていく。そうすると再び口をつけて飲み出すそうです。ところがB班の方は口を離しても何も言わずにじっとしている。そうするとだんだんとB班の赤ちゃんは乳を飲まなくなったそうです。結局、A班の話しかけられたり、あやされたりした赤ちゃんは、そのことに励まされると言うか促されるようにして、乳を吸い出すと。つまり、赤ちゃんが口を離すのは、かまって欲しいという本能的なポーズなんだということを実験をとおして指摘しておられます。

それほど人間というものは他からかまってもらうという、自分が見守られて、また自分にはたらきかけをいつもしてくれる人がいることが、生きていくうえで非常に大きな力になっているのです。それが持てなくなった時、誰からも何のはたらきかけもなく、見守られるということもなくなった時には、赤ちゃんも乳を飲まなくなっていくし、表情がなくなり、抱かれてもただ体をこわばらせているだけで決して目を合わせない。何か人間としての心というものがまったく失われていくと。こういうことがいろいろな形で教えられてきているわけです。

響き合う世界

共に生きているものということですが、それを特に響き合いながら生きていく存在、「響存《きょうぞん》」という言葉がありまして、これが一時期多くの先生方によっても取り上げられてきました。この言葉は非常に意味深い言葉だと思うのですが、この「響」という字は、上は故郷の「郷」で、これは一つの鍋に盛られたご馳走を間に挟んで、二人で向かい合って座っているという象形文字です。真ん中の器に盛られているのは故郷の懐かしい家庭の味でしょうし、それを間にして久しぶりに顔を合わせた兄弟姉妹、親子がお互いの無事な顔を見て微笑みを交わす。そこに故郷というものの原型と言いますか、「ああ、故郷に帰ってきた」という思いを人間は持つのでしょう。その向かい合い見つめ合う二人の人、そこに音という字を付けたのが「響」です。ですから、「響」という字は二つの音が向かい合うという意味があります。そこに、「うなり現象」と言うそうですが、向かい合う二つの音が、同じ質の音でありながら少し音が異なっている時に、うなりが起きるそうです。同じ音が出ていても、またまったく違う質の音が出ていてもうなりは起きない。その意味では、相異《あいこと》なる二つの音の間にある一つの響きにうなり現象が起き、それが両方を包んでいくということが「響」という言葉にはあるのです。また響きという言葉は二人ということで表されるわけですが、相異なる存在でありながら、共に一つのうなり現象に包まれて、共に呼びかけ応え合うと、そういうことがおさえられてくるわけです。

私どもにとって大事な経典である「浄土三部経《じょうどさんぶきょう》」には浄土の世界のありさまが表されているのですが、そこには限りない響きというものが説かれています。例えば、そこには豊かな林があり、その林の樹木の間をそよ風が吹きぬけていく。そこに限りない美しい響きが奏でられ、その響きが自ずと「仏・法・僧」と、仏法の世界の響きとなっていくと。あるいは川のせせらぎ、空に張られた網目に下がった鈴の音、いろいろな形で響きというものが説かれています。そしてこういう言葉もあります。

三途苦難《さんずくなん》の名有《なあ》ること無《な》し。但自然快楽《ただじねんけらく》の音有《こえあ》り。（『仏説無量寿経』聖典第二版四二頁）

その世界には「三塗」、地獄・餓鬼・畜生の三悪道《さんまくどう》ですが、その苦しみに満ちた地獄・餓鬼・畜生というような名がない。そして、「自然快楽の名あり」ではなく、「音《こえ》あり」と区別されています。これは、名というのは名づけるということであり、それは見分けていく、「見分けて名づける」ということが、「名づける」という言葉にはあります。人はこうだと名づける。存在の意味を決めていくはたらきの場合を「名づける」ということになりますが、そのようなことを分けていく世界ではなく、自然快楽の音ありと。音は響きです。それはお互いが体に感じ取るものです。そこに響きという言葉がいろいろと大事な意味をもって仏教ではおさえられています。

響きということを特に強く言われているのが、弘法大師《こうぼうだいし》（空海、七七四～八三五）です。弘法大師の真言宗におきます根本の大事な概念が「即身成仏」です。その根本の教理を展開されている『即身成仏儀《そくしんじょうぶつぎ》』という書物が弘法大師によって書かれています。その中にこのような言葉があります。「五大皆有響　十界具言語（五大に皆響きあり、十界に言語を具す）」と。「五大」とは、宇宙を成り立たせている根本の五つの要素、「地水火風空」のことですね。大地と水と火と風と空間です。その五つのものが根本の要素としておさえられるわけですが、その五つの要素に「皆響きあり」と、それぞれに響きを放ち、五つのものがまた相互に響き合うと。われわれの世界というのはいのちの響き合いの世界なのだと。そして「十界に言語を具す」と。この「十界」とは、三途もその中に入れて、地獄・餓鬼・畜生・修羅・人・天が六道ですが、その六道の上に声聞《しょうもん》・縁覚《えんがく》・菩薩《ぼさつ》・仏《ぶつ》という世界があり、それを全部合わせまして「十界」です。

ですから五大は自然界、十界は人間の精神界です。人間がその精神をもって営んでいる世界、それはすべてをおさえてみれば十に収まるということで、「十界」ということであげられているわけですが、十界にそれぞれ言語ありと。このようなことをおさえられています。言語があると言いましても、その言語がありながら言語が通じない世界は六道です。初めから言葉がなければよいのですが、言葉をもって生きていながら互いに言葉が通じない悲劇です。また言葉が通じる世界、そして言葉を持っているが、もはや言葉を必要としない世界ということも言われています。その十界に言語があるというと、私たちは文字をすぐ頭に浮かべてしまいますが、弘法大師は「言語に長短高下、音韻屈曲《くっきょく》あり」ともおっしゃっているわけです。「長短」というのはリズムでしょうね。「高下」は音階でしょう。「音韻」はメロディ、「屈曲」とはアクセントのことでしょうね。言語ありと言いましても、文字ということよりも、響きなどのリズムやアクセントを含む「言語あり」と、そこに響きというものを弘法大師は大事におさえておられる。この世界というものを響きに満ちた世界、自然は自然の響きを持ち、人間の精神界にあっては言語そのものが響きをもって伝わると。言語のいのちは響きにあるということです。

声というものは文字どおり響きがありますが、聖徳太子の撰と伝えられる『勝鬘経義疏《しょうまんぎょうぎしょ》』の中で「書は以て声を伝え、声は以て意を伝う」と言われています。書は文字です。文字をただ文字としてだけ読むのであれば、その文章の心は伝わってこないと。文字をとおして、その文字を書いた人の声の響きを聞き取ると。つまり、私どもはだんだんなくなりましたが、昔は懐かしい親や子供の手紙の文字の癖などを見ただけで、言葉遣いや書いている時の表情など活き活きと伝わってくるものがあり、文字をとおして声を聞き取る。その声の響きによって、今日は疲れているとか心が晴れているとか、触れていくことがありました。言葉というのは本来響きをもって聞き取るべきもの、目や頭だけで理解するものではない、全身で感じ取られるものなのだと。それが、このような響きというところにいのちの響流《こうる》、交わり流れる姿を響きという文字で受け止めてきた意味が一つあろうかと思うわけです。

私たちは言葉をもって話しかけるわけですが、そこに何よりも大事なことは聞き取ってもらうことですね。私の言っている言葉の内容を理解してくれるか、してくれないかは、あまり問題ではありません。そうではなく、私が一生懸命言いたいことを相手がしっかりと身に受け止めてくれたと感じ取られた時、私たちの心は開かれていくことがあるようです。

これはカウンセリングの場合に一番大事なことのようです。相手が一生懸命訴える、何か悩みを抱えた人が訴える、その内容を詮索《せんさく》して納得して整理してやると、それで切れてしまうわけです。カウンセリングで一番大事なことは、相手が言おうとしていることをそのまま感じ取り聞き取る。聞くということの一番大事なことは、受け止めるということ。その受け止めるということは「分かち持つ」ということ。わかるということは頭で理解することではなく、相手の訴えずにおれないことを分かち持つということです。分かち持ってもらえたと感じる時、人はそこに心を開くわけです。聞くということの、一番根っこにあることは分かち持つということなのです。私たちのいのちが互いに響き合いながら、その中で自分というものを初めて確かに見出していくことができるいのちを持ち、この身に受けているのだとあらためて知らされるわけです。

ところが私どもは、そのような事実を分かち持つ、言い換えると事実をいっしょに生きることがなかなかできないわけです。常に頭が先に動いてしまう。そして解釈してしまうものですから、気持ちが分かれていきます。そのような悲劇を私たちは繰り返してきています。そのことをとおして、あらためて念仏という問題を私は問われているのです。まず今は私どものいのちが、互いに響き合ういのちであり、無視されるということが私どもにとっては人間であることを失う大きな問題であると。自分が見守られ関わられ願われていると感じられる時、人間はそこに限りない生きる勇気を賜ってくるのだと。そのような問題がまず一つ思われるわけです。

癌で亡くなられました姫路の田中裕三《たなかゆうぞう》さんという方が、「たとえ末期癌になろうと、キャッチボールさえしてくれれば生きていけます」ということをおっしゃっていますが、二十数年前、今ほどにターミナルケアなどが進歩していなかった頃、お医者さん自身が末期の患者とどう向き合えばよいのか、まったく手探りの状態の時に、その田中さんが末期癌の身でありながら、最後まで皆に支えられながら、前向きに生き抜いておられることを聞かれて、私たちの所へ来て教えてくれないかと東大の先生方から求められたそうです。それに応えて田中さんがそこへ行かれまして、結果的に亡くなる一週間前でしたが、その時におっしゃったことが「キャッチボール」ということでした。キャッチボールをしてもらえれば私たちでも生きてゆけると。

例えば、「ああ」と苦しみから思わずため息を出すと、それをまず「苦しいか」と受け止めて欲しいと。そして今度は、「今どこが苦しいのか」とボールを投げ返して欲しいと。すると、こちらがこうなんだ、ああなんだと言っていける、こうしていただけると自分がまだ見放されていない、見捨てられていないと実感できるのだと。それを先生方が医者という立場から、あるいは励ますつもりかも知れないけれども、こちらが「ああ」と言っても、それをまず受け止める前に、そのぐらいは我慢しろとか、皆がそれを耐えているとかおっしゃられると、その投げたボールを叩き落とされたような気がして、その時の患者の気持ちは本当に寂しいのだと。どうか最後までキャッチボールをしてくださいとおっしゃったそうです。これが先ほどの響き合いということに通じるかと思うのですが、ただそれが私どもには非常に難しいわけです。例えば、見舞いに行きましても、「がんばりや」と言ってしまいますね。それが患者にとっては、キャッチボールを断ち切られる思いがするということです。

たまたま観ましたテレビ番組で、大阪のターミナルケアを行っている病院を紹介していまして、末期の癌患者さんたちが入っておられました。その中の一人の老婦人の所に毎日妹さんが見舞いに来る。その院長さんが「あんたは幸せだね、妹さんがいつも見舞いに来られて」と言葉をかけたら、「本当にありがたい」と。だけど一つ困ることがあるのだと。それは妹が来るたびに「がんばりや、がんばりや」と言ってくる。「先生、どうかあれだけは止めさせてくれないか」と言われたそうです。次に妹さんが来られた時に、院長室へ呼んで「がんばりやだけは止めなさい」と。精一杯がんばっているのだからそれ以上「がんばりや」と言われてもどうしようもない。反対に一生懸命がんばっていることがまったく受け止められていない寂しさを感じるのだから、と。そしたらどう言えばいいのですか、「元気か」とか「気分はどうだ」とか言ってごらんなさいと。すると次の日、「がんばりや」と同じ調子で「今日はどうや」と言われたそうです。そのような話がテレビの番組でありまして、人間のいのちというものは、最後までそのような響き合いを求めていると教えられたわけです。

「がんばりや」とつい言ってしまうのは、私どもに耐えられないものがあるわけですね。その人の事実を受け止める勇気がこちらにない。だから、「がんばりや」という言葉に逃げてしまう。そのような自分をやはり感じるわけです。そしていろいろな面で、私たちの響き合いを断ち切るもの、それはやはり私どもの分別や思いなのです。

お聞きした方もおられるかと思いますが、高史明《コサミョン》先生はお子さんが十二歳の時に自ら命を絶って亡くなるという悲しい出来事に出遭われたのです。その前に、やはり息子さんは、一つのシグナルを送っておられました。普段と違った息子さんの雰囲気です。それは特に読書に現れていたそうです。もともと本を読むことが好きだったそうですが、その二日前頃は食事をしている時も横に本を開き、廊下を歩いている時も本を読んでいたそうです。亡くなる二日前に、あまりにもいつもと異なる様子を見て、高さんが何を読んでいるのかと本を取り上げると、その読んでいた本は、夏目漱石《なつめそうせき》の『こころ』でした。それは一つの事件をとおして、最後は自殺して亡くなる先生が主人公の小説ですが、その『こころ』を読んでいたということがわかって高さんは、この本は良い作品だから慌てて読むのではなく、もっとゆっくりと心を込めて読みなさい、と言ったそうです。その二日後に息子さんは文房具屋へ行ってくるとの一言を残して家を出て、そのまま亡くなられたそうです。その後になって、高さんが身をよじる思いで悔やまれたのが、もしあの時自分が『こころ』という小説を知らなかったら、息子さんに対してこれはどのような内容の本なのかとか、どのようなところがおもしろいのかと、問いかける形で言葉がかけられただろうと。それをたまたま自分が知っていたため、『こころ』に対する知識があったため、とっさに読書指導をしてしまった。それがそのまま響き合いという世界を断ち切って、自分は上に立って教える傲慢な関わりになってしまっていたと、高さんはずっと悔やんでいかれるわけですし、そのことをとおして人間の「知」というものの暗さということを繰り返し繰り返しおっしゃっているわけです。

そのようなところにも、本当に私たちは知識こそが自分の主体性だと思い込み、そこに力を感じていますので、どうしても「知」を振り回してしまいます。そのことにおいて、いつの間にか、親子の間にも指導ばかりになってしまい、学校での教育も答えを与える場になってしまいがちです。その中では、どんどん響き合いということを失っていく現実があることをあらためて教えられるわけです。

宿業の身を生きる

曽我量深先生のお言葉に「宿業は本能である」というのがあります。「宿業」という言葉も難しいですし、同時に「本能」という言葉も使いますので、これはわからない言葉を、わからない言葉で説明してくださったという思いがします。私もさっぱりわかりませんでした。このことを曽我先生がおっしゃったのは本山で行われる安居《あんご》という大事な学びの場で、『歎異抄』の講義をしておられた時です。講義の後にその先生に対する攻究の時間がありまして、受講者からさまざまな質問をされるわけです。

その時に、曽我先生がこの言葉についての質問に答える形で、「本能」ということを「動物」という言葉をとおしておさえられた。動物は人間より遥かに感覚が鋭敏で、人間は地震でも、ぐらっときてからでないと騒がない。けれども動物はぐらっとくる前から人間には感じられない異常を感じ取り、普段見せないような行動や鳴き声をすると。そのような話を曽我先生がなさったそうです。そこで、「その話を聞いて、私には一つ思い当たることがありました」と、当時その場においでになった蓬茨祖運先生がおっしゃったのです。どういうことかと言うと、動物は自然の中に、自然に包まれて自然を生きています。けれども人間は自然を自分の対象にして生きているわけです。自分の知識の対象にし、自分の生活の対象にして自然をあれこれと解釈して生きていると。つまり、自分の知識、自分の観念で人間は生きている。自然そのものを生きてはいないと。いつも自然を観念化して生きているということをあらためて気づかされましたと、おっしゃっていました。

つまり、そのことから言い換えますと「宿業は本能である」とは、いのちの事実を「宿業」と言うのであって、いのちを解釈して「宿業」と言うのではないということです。「宿業」の中に私があるのであって、私の「宿業」ではないということを教えていただいたわけです。宿業の中にこそ私という存在があるのだということですね。そのことはまた少し触れさせていただこうと思いますが、その前に結局、本当に私たちは自然を自然のままに生きるということができない。つまり、響き合いながらその響き合いを生きていくことができずに「利用」という形で生きているわけです。必ず自然を前に置いて、人間にとってより良い自然ということを思い描いて、それを何とか作り上げようとしていく。そのような問題がここにはあるのです。

私たちがいかにいのちの事実を生きずに、一つの観念を生きてしまうかということです。頭で作り上げた思い、レッテルを貼ったところで自然と関わりを持っている。そこに私どものいのちの響き合いというものは、当然断ち切られているわけです。そのような私どもが一つの観念を身にまとうとともに、一切の響きは聞こえなくなり感じられなくなるということが、あらためて教えられるわけです。動物は自然を生きており、いのちの事実を自然のままに生きている。それに対して、私たちは常に観念に立って自分にとって良いとか悪いとか、得だ損だ、美しい醜いというようなところで振り回されてしまう。そのようなことをあらためて気づかされるわけです。

実は、仏教が「宿業」という言葉で教えてくださっていることは、決して運命的に決められてあるということではありません。例えば、よくご存知の方も多いと思いますが、北海道の真宗寺院の坊守さんである鈴木《すずき》章子《あやこ》さんという方が、癌であることがわかりましてからお亡くなりになるまで、いろいろな言葉を遺していかれました。その中の一つに「ガンは私の見直し人生のヨーイドンのガンでした。私、今出発します」とあります。すばらしい表現だと思うのですが、私に人生をもう一度見直せと。このように促されたヨーイドンのガンでした、と。「私、今」とは、ガンの事実を受け止めた「今」ですが、「私、今出発します」、これが宿業観です。宿業観ということは、それが私の宿業なんだとあきらめることでは決してありません。私のいのちの事実なのだと、本当に受け止め、そこから出発することが宿業の自覚なのです。宿業の自覚とは決して腰を下ろすことではなく、その事実を私の事実として、まさしくこの私の人生そのものとして、「私、今出発します」と言い切れる勇気を表されるのが、仏教の説く宿業観です。

そしてその「私、今」の内容はいろいろあります。鈴木さんはまさに癌ということで、幼い子供たちを残しながら、自らの死を見つめて「私、今」とおっしゃっています。私どもには私どもの「私、今」ということが、それぞれあるわけです。それは、本当に投げ出したいことや逃げ出したいことがいっぱいある。しかし、その他に私の人生の事実がないと本当に受け止めて、そして今出発しますと言い切れる勇気、そのようなものを求め求めてきた人々の歩みの中に、宿業観という言葉が伝えられてきているのです。決してあきらめて泣き寝入りをするような惨めな話ではないわけです。

ただそこに、そのような勇気がどのようなところから支えられてくるのかということです。そこには、それぞれに抱えている「私、今」というもの、本当にその事実を解釈したり評価するのではなく、私が、今を受け止めて生きようとしていることの人生の重さというものに、どこまでも寄り添いながら、何とか最後まで歩み通して欲しいと願う、自分のことを心に念じてくださり、自分のことを絶えず見守っていてくださる心に触れる時、初めて私も自分の人生を投げ出すというわけにはいかなくなるのです。念じられているということです。それはさらに言えば、私が一人の人間として本当に人間の悲しみを、そこまで尽くしたその仏法によって念じられていると。

『歎異抄』の第一章のところには「弥陀の誓願不思議にたすけられまいらせて」と、また「弥陀の本願には老少善悪のひとをえらばれず」と、そして「本願を信ぜんには」と、「本願」という言葉が繰り返し出てきますが、『歎異抄』の一番最後に親鸞聖人が常におっしゃっていたお言葉が記されています。

聖人《しょうにん》のつねのおおせには、「弥陀《みだ》の五劫思惟《ごこうしゆい》の願《がん》をよくよく案《あん》ずれば、ひとえに親鸞一人《しんらんいちにん》がためなりけり。されば、そくばくの業《ごう》をもちける身《み》にてありけるを、たすけんとおぼしめしたちける本願《ほんがん》のかたじけなさよ」と御述懐《ごしゅっかい》そうらいし

（聖典第二版七八三頁）

つまり、本願が起こされてくる営みです。そこに本願というものを親鸞一人がために念

じ続けていてくださった、その願心にこの私が目覚めると。自分のいのちの底にある、私の分別や知性よりもっと深いいのちの営み、そのいのちの願いというものに、どこまでも応え、寄り添ってくださったその本願。そういうものとして親鸞聖人は、本願ということを受け止めておられるのです。

前にも申しましたように、向こうにいらっしゃる仏をこちらから一方的に念ずるのが念仏ではありません。念仏とは自分が念じられていたことの驚きと喜びにおいて、その仏の心を念ずる。その念ずるとは、その仏の心をこの身にひたすら聞き取っていく。念仏は、実は「聞く」ということなのです。名を称えるということは、名を聞くということであるということが繰り返し言われています。そのもとにありますものは、限りないいのちの歴史の中、生きとし生けるいのちすべてとの、その響き合いの中で、この私というものが育《はぐく》まれ、私というものを生かしてくださっているわけです。その響き合いをどうかその身に目覚めて欲しいと。ひとたび響き合いを本当に感じる時、私たちはただ自分の思いで、周りにレッテルを貼って回ることはできなくなる。その時初めて、いろいろな心に出会うということが私の上にも起こってくるということを教えられ、感じてくるわけです。

この「宿業」という言葉は生活とは離れた言葉のようですけれども、このような言葉をもって、私たちの頭で捉え、それこそ文字づらを解釈するようなことを超えて、どうかいのちの響きというものを聞き取り、常に耳を、目を開いている心を生きて欲しいと、そういう願いが念仏には込められているということです。「響存」、響きということについて、今回紹介しました問題を見ましても、その事実が私たちに語っていること、訴えていることと、それはお互いに響き合いを求めているのだということ。またそのようなことをとおして、あらためて念仏の世界を振り返らせていただきました。

六　欲生我国 ―国を求める心

「我が国に生まれんと欲え」と

最初に申しましたように、『歎異抄』の第一章から第十章までは、親鸞聖人の教えを記された、いわゆる「師訓篇」と呼ばれていますけれども、その全体が第一章の中に収まる。言い換えれば第一章を開いて一つ一つ問題をおさえていかれるのが第十章までのお言葉だと、こういうようにも教えられています。そういう中であらためて「弥陀の誓願」ということを尋ねたいのですが、それは一体何なのかということです。それは一口で申しますと「欲生我国《よくしょうがこく》」(『仏説無量寿経』聖典第二版一九頁)、「我が国に生まれんと欲《おも》え」という叫びです。その一つに約《つづ》まることなのです。その一つのことをいかに広くすべての人々に伝えてゆくか。あるいはそういう国に生まれようと、国を求めようとする心を呼び覚ましていくか。そのための四十八通りの本願、歩みでありまして、基づくところはこの「欲生我国」という一言に収まると言われています。

その「欲生我国」ということは何を言っているのかと言いますと、結局私たちはいろいろ幸せということを思い描いて、追い求めているということがあります。あるいは逆に何を求めていいのか、一体自分が何を求めているのか、自分自身にはっきりしないということもあるわけです。そういう私どもに「あなた方が求めているものは国なんだ」ということを呼びかけられている。人間が人間としての幸せを求めるということ、それは共に国土というもの、国というものを見出していくということ。そしてその国土に生きるということにあると。こういうことが呼びかけられているわけです。

だけど、そう聞きましても、一体、国土というのは何かということもはっきりしていません し、お前は国土を求めているんだと言われても、一向にという思いもあるかと思います。ただ私どもは国土を求めているということは少しもはっきりしていなくても、逆にいわゆる人間としての確かなつながりというものがどこにも見出せない悲しみということは、ある意味で身に沁みてそれぞれ生活の中にも感じておられることでないかと思うわけです。

何がどれほど豊かになろうと、つながりというものがどこにも感じられない時、決して人間は生きているという事実を深い感動をもって感じ取るということはないのではないか。今日あらゆる面で人間関係というつながりが、崩れてきていると言いますか、まことに危うい在り方になってきてしまっている。そこに、どこかで周りの人と本当に出会うということを求めずにおれないということがあるかと思うわけです。

私たちが出会うといっても、ただ顔を合わせれば出会うということにはなりません。『歎異抄』の一番最後に、親鸞聖人が吉水の法然上人のもとで念仏の教えに出遇っていかれたその時に、議論の交わされることがあったとあります。

そのゆえは、「善信《ぜんしん》（親鸞）が信心《しんじん》も、聖人《しょうにん》（法然）の御信心《ごしんじん》もひとつなり」とおおせのそうらいければ、勢観房《せいかんぼう》、念仏房《ねんぶつぼう》なんどもうす御同朋達《おんどうぼうたち》、もってのほかにあらそいたまいて、「いかでか聖人《しょうにん》の御信心《ごしんじん》に、善信房《ぜんしんぼう》の信心《しんじん》、ひとつにはあるべきぞ」とそうらいければ、「聖人《しょうにん》の御智慧才覚《おんちえさいかく》ひろくおわしますに、一《ひと》つならんともうさばこそ、ひがごとならめ。往生《おうじょう》の信心《しんじん》においては、まったくことなることなし、ただひとつなり」と御返答《ごへんとう》ありけれども、なお、「いかでかその義《ぎ》あらん」という疑難《ぎなん》ありければ、詮《せん》ずるところ、聖人《しょうにん》の御《おん》まえにて、自他《じた》の是非《ぜひ》をさだむべきにて、この子細《しさい》をもうしあげければ、法然聖人《ほうねんしょうにん》のおおせには、「源空《げんくう》（法然）が信心《しんじん》も、如来《にょらい》よりたまわりたる信心《しんじん》なり。善信房《ぜんしんぼう》の信心《しんじん》も如来《にょらい》よりたまわらせたまいたる信心《しんじん》なり。されば、ただひとつなり。別《べつ》の信心《しんじん》にておわしまさんひとは、源空《げんくう》がまいらんずる浄土《じょうど》へは、よもまいらせたまいそうらわじ」とおおせそうらいしかば

（聖典第二版七八二頁）

と、この後ずっと続きますが、こういうお言葉で議論があったということが書かれています。そこにあります、「ただひとつなり」、この一つなるもの。あなたと私の間にこれは一つだと、このことは一つだと言えるもの。こう言えるものが見つからなければ、出会いということは成り立たないのです。勢観房、念仏房という人たちは、いつも法然上人のそばに居て、自分たちこそ高弟であるというような顔をしておられたのでしょう。そしてまた法然上人を尊敬もしておられたのでしょう。だからこそ逆に「私の信心と法然上人の信心と一つなどということがあるか」と、法然上人を絶対的な存在として奉《たてまつ》る。しかしそこには出会いはないわけです。仰ぎ見ているのかもしれないけれども、しかし法然上人の心と離れた所にこの人々は立っていたと。ですから出会いというものは一つなるものを見出し、一つなるものを共に生きる。そういう時に初めて私とあなたという出会いが、本当に

生きてくるわけでしょう。

その一つなるものということを、実は今日見出せなくなっている。周りの人々と思想が違い、あるいは立場が違い、大きくは民族が違い、国が違う。そういう違いのところで対立して、同じ人間としてこのことは一つである、この一点において一つだと、同じ一つなるものを生きているんだと、そう言えるものが見えなくなってきたのです。そのことは言い換えますと、どこで人間が人間と言えるのかと。人間と言い得る根源と言いますか本質と言いますか、それが一体どこにあるんだということがはっきりしなくなってきたわけです。

人間がわからなくなってきた人間

つまり人間にとって人間というものが問いになってしまった。人間にとって人間がわからなくなってきた。ある一点で人間は人間と言えるんだと、だけどそれがどこでそう言い得るのか。

そういう一つなるもの、それを本願、真宗の教えでは「国を求めている」という一点でおさえられる。すべての人を通じて、一つなるものは、人間は皆国を求めている存在なんだということです。つまりそこにおいては、お互いが無条件で受け止められ無条件で受け入れていける、そういう世界。さまざまな条件つきでつながりが開かれる場はいろいろあるわけですけれども、無条件で本当に受け入れられ、また受け入れていけるそういう自分にされていく世界です。そういう世界を「国土」と、言われているのでしょう。

『阿弥陀経』ではご承知の、「倶会一処《くえいっしょ》」（聖典第二版一三九頁）という言葉があります。そういうお互いに無条件に出会っていける、倶《とも》に一つに出会っていける場です。そういう世界が見つかって初めて、またそれぞれが持っている個性というものを本当に生かしていくことができる。だけどそういう場が見つからないと、そういう個性というものも本当に花開くということができないのでしょう。今日そういうつながりが持てなくなってきている。一体なぜそういうことになってきたのか、これはいろいろなことがあるのでしょう。

一つには社会的に便利になってきたということがありますね。便利になるということは人の手を借りずに済むということです。人の手を借りずにいろいろと自分でできる。昔はみんな村なら村のつながりというのは非常に強く、そこでは常に助け合わなければ生きていけなかった。屋根一つ葺《ふ》くにしても人の手を借りなければ葺くことはできなかった。また他の人が屋根を葺く時には、自分も出かけて行って葺くと。お互いがお互いを必要としながら助け合って生きてきたわけですから、そこに自ずとつながりというものも生まれてきましたし、確かめもされてきたんだと思います。だけど今では、村でもいろいろなことが機械化されまして人手を借りるということがなくなり、多くのことが自分一人でもできるようになってきている。そういう生活の中では、それぞれの家がお互いにどうしても助け合わなければとか、あるいは助け合う仲間なんだという意識はどんどん薄れてきているということがあると思うのです。

そういう中で、関わりというものが失われてきたわけですが、そこでもう一つ出てきますのは、やはりこの現代の私どものものの考え方が大きな理由かと思います。近代人の知の在り方、いわゆる「近代知」です。これもいろいろなおさえ方がありますけれども、まずそれは非常に論理主義的になり、相手に有無を言わさず一義的な明確さ、曖昧なところがなく、きっぱりとこうだと言い切れる、そういうものを知として尊ぶということが一つあります。

この近代知の大きな力になってきましたのは、数学、数です。これもだいぶ以前、フランスの作家でサン＝テグジュペリという人の『星の王子さま』という本がありましたが、その物語の中で、すでにそのことが取り上げられています。その星の王子さまがある砂漠に落ちてきた。その時に一人の飛行士が不時着して、その飛行士と王子さまとが言葉を交わすわけですが、王子さまが自分は何万何千何百番の星から来たんだと、自己紹介をする。星を数で紹介するわけです。どうしてそういう言い方をしたかと言うと、あなた方大人は数というものしか信用しない。何でも数で捉えようとする。親しい友達ができて親に紹介する。その子がどんなにすばらしい感覚を持っていて、いつもこういう考え方をしていて、こういうことを一生懸命やっているんだと。自分にとってその子を紹介するのに一番大事だと思うようなこと。そういうことにはちっとも大人は興味を持たずに、学校で成績は何番目だとか、背丈はいくらで、どういう家に住んでいるんだと。その家もどういう形をしてすばらしい彫刻があってと、その家のすばらしさをいくら一生懸命言っても大人は納得しない。その家はいくらかかった家だとか、そういうことを言えば感心する。それが大人というものでないのかという場面がありました。

考えてみますと今日はあらゆるものが、健康も死も生きている在り様も、全部数字で表されるということがあります。そこに厳密にものごとを見るということはあるわけですけれども、しかしそこに生きた事実というもの、いのちといのち、心と心が触れ合うという場がどんどん失われてきている。私の友達も心臓が悪くて何度も入退院をしていますが、入院している時に部長回診というのがあるそうです。その時になると、部長さんがお医者さんをぞろぞろ引き連れて病室へ入ってくる。そうすると担当している主治医が患者のお腹のところにデータを並べる、こうこうだから何という薬をこれだけ出していますということを言う。

そうすると部長は数字ばかりを見ているというのです。お腹に乗っかっている記録ばかり見て、そしてこれならもうちょっとこれを上げろとか、薬の量の指示をしてそのまますっと行ってしまう。一度も俺の顔を見なかったと言って、その友達は怒っていました。つまり顔の表情などは問題にならない。病気を正確に把握するには数で出された記録が確かな手がかりで、この表情を見て、それによって何をどうこう変えるということはないわけです。

そうしますと、結局病気と言いましても、病人はどこかにいってしまっているわけです。病気だけが取り上げられている。いわゆる現代の医学の発達というのは、病人から病気を独立させたことによるという指摘があります。その人の生活や、いろいろと抱えている問題、そういうもの全部をひっくるめて一人の人間が、今病を抱えて苦しんでいるという、そんなことを配慮していては病人の正確な判断ができないと。いろんな感情に動かされて、客観的事実を確かに見るということができなくなる。だから人間というものを排除して、数字で表される事柄で診ていくと、こういうことが進められてきているわけです。病人から病気を独立させ、そしてその病気というものはちょうど時計を修理する時に、故障している部品を取り出して、その故障している部品だけを問題にする、それと同じような方法です。自分の関わるところしか診ないわけです。

今日科学的な方法というのはすべてを要素に還元して理解していくということですから、細かに細かにそれを構成しているものを分析して把握しようとする。例えば遺伝子について、医師であり、仏教の勉強も非常に深くされている梶原敬一《かじわらけいいち》先生にお話を聞いたことがあります。例えば死ぬことも老いることも、何でも遺伝子が結果してくるわけですから、死の遺伝子、人の命を死なせる遺伝子があるはずだと。あるいはその命を老化させる遺伝子もあるはずだと。だからその遺伝子を見つけて取り除いたら人間は死なないものになるのではないのか、あるいはいつまでも若くいられるのでないかと。そういうことを、「真剣に考えている医者がおるんですよ、本当におるんですよ」と、梶原先生はおっしゃっていました。

何かそういう一つのものが見つかると、こういう可能性があるのでないか、こういうことができるのでないかと、そういう可能性だけを一生懸命追い求める。しかしその時には、それが周りにどういう影響を与え、そしてそれが未来にどういう結果をもたらすのかをまったく考えられていないんだと。ただそういう可能性、自分が思いついた可能性の実現だけを一生懸命追い求めるわけです。そうなっていきますと、理解の仕方というのが、全体のつながりの中、お互いにはたらきあっているその関わりの中でそのものを理解しようとする、そういう姿勢というものが次第に失われて、ただそのことだけを追求するようになる。そういう姿勢というものが人間関係においても、関係の中で自分の生き方を考えるとか、そういう関わりの中で自分の願っていることがどういうことなのか、それが周りの人々にどういう思いを持たせることなのか、また人間にとってどういう未来を引き寄せることになるのか、そういうことを身体で感じ取る感覚が失われていく。そこではいのちのつながりというものは、当然感じ取れなくなっていくわけです。

人間が何かを一生懸命追い求めてきた歩みというのは、そういうつながりを全部切り捨ててものを受け止めようとする。そしてそれを自分の思いのところで動かしていこうとする、そういう在り方になってしまっている。そのことが今日の人間関係が崩壊していく大きな原因をなしているということが思われるわけです。

失われた全身性

そういうことに関わることですが、私どもの一番の依り処の『大無量寿経』の「序分《じょぶん》」と言われる最初のところに、阿難《あなん》という人が初めて仏陀釈尊《しゃくそん》に出遇うということが説かれてくるのです。阿難という人は非常に心優しい人であり、まじめな人です。いつも釈尊を絶対的に尊敬していて、釈尊の行かれるところには常に付き随《したが》い、身の回りのことも、こまごまと世話をなさっていた。そして、釈尊が説法を始められるといつも一番前に座って一言も聞き漏らすまいと、ひたすら聞かれた。ところがその阿難は最後まで悟《さと》れないのです。他の比丘《びく》は悟っていくのですが、聞法第一と言われ、そしてもっとも釈尊に身近に常に付き随っていた阿難が、最後まで悟れない。その阿難が、『大無量寿経』では初めて釈尊に出遇った。出遇ったということは、まさしく仏《ぶつ》として出遇った。仏として出遇うということは、自分はその仏・仏法に生きる者として見出されてくるということです。

その時の驚きの言葉、いつもそば近くに見ていた釈尊がまったく違って見える、それを表す言葉ですが、「諸根悦予《しょこんえつよ》し姿色清浄《ししきしょうじょう》にして、光顔巍巍《こうげんぎぎ》とまします」（聖典第二版七頁）と。仏陀《ぶつだ》の全身に喜びが満ち、輝いておられると驚いて言われるのです。その「諸根悦予」の「根《こん》」というのは機能、例えば見るということは眼根《げんこん》、私たちに見るという機能が備わっているから見るということができるのです。その機能は眼根・耳根・鼻根・舌根・身根で五根と言いますが、これが基本的な根です。諸根と言いますのは直接的に言えばこの五根です。その全身が喜びに溢《あふ》れている、そういう言い方をしています。全身性です。

今日私たちは、生活の中でその全身性ということを失ってきている。全身の体験、全身で感じ取り生きていくという、そのことがどんどん崩れてきている。一番端的には、昔の人の生活の一番基本は歩くということだったと思うのですが、何をするにも歩かなければできなかった。歩くということは全身の体験です。ただ目的地まで移動するということだけでなく、その間にいろんな匂いを嗅ぎ、いろんな荷物を持ちながら歩いて行ったわけです。だけども今は空調された車に乗って、目的地へスッと行ってしまう。高速道路がどんどん発達しているので、どこへ行っても同じコンクリートの上をずっと走っている。かつてのように、その土地土地の特色に触れたりということもなくなってきている。そのようにいろんな面で全身性というものが失われてきている。その中では、私たちが人間として生きていることの受け止め方も非常に偏ったと言いますか、一面的な捉え方しかできなくなってきているのではないでしょうか。

そういう中でお互いがどんどん離れ、バラバラになってきているようにも強く感じるわけです。だからこそ私どもはどこかで不安を持ち、空しさを感じ、そこに何か確かな出会い、確かないのちの充実ということを、どういう形で応えてもらえるかわからないけれども、求めずにおれなくなっているのではないか。そのような私どものある意味で迷いと言いますか、もがき、それに呼びかけられているのが「我が国に生まれんと欲え」というその言葉です。そのような言葉をもって、いかなる時代であれ、いかなる民族であれ、どういう考え方をするものであれ、しかし求めているものは一つなること、お互いが無条件に受け入れられ、無条件に受け入れていける世界。そういうことがそこにはおさえられてきているかと思うわけです。

これは鷲田清一《わしだきよかず》先生の文章です。哲学の専攻ですが、いわゆる書物の中の哲学理論ということではなくて、町で出会うごく日常の事柄の中に、いろんな思索ということをされている方です。その中でこういうことは思ったことがなかったなあ、ということ教えられたことがありました。その一部を読ませていただきます。

わたしたちはじぶんひとりでは生きていけない。が、わたしたちが他人になにかをしてもらうときには条件がつく。もしこれこれをしたらあれをしてあげる、というふうに。だからわたしたちは何をするにしても、いくら大切にされても、どこか不安を抱え込む。わたしはほんとうに愛されているのだろうか……と。そこでひとは、じぶんをいまのじぶんのままでそのまま受けとめてほしい、そのまま肯定してほしいと痛切に願う。

そのとき、そういう反応を得られなくても、それでも死なないでいられるのは、あるいはひとというものをかろうじて信じることができるのは、じぶんが生まれたとき、たとえ親に棄てられても、それでも生きてこられたのは、生まれたときにこのわたしがここにいるというそれだけの理由で、だれかになんの条件もつけずに世話をされたという確信をどこかでもっているからだ。いまここにいるこのわたしがその証《あかし》だからだ。わたしがその証だとおもえているかぎり、ひとはどれほど深く他者を憎むことになっても、最後のぎりぎりのところで生きていられる、ひとへの信頼を失わないでいられる、と。

（『まなざしの記憶』「力をもらう」ティビーエス・ブリタニカ）

そこにたとえ親に棄てられたとしても、その棄てられた私が、今ここにそれぞれ生きている存在になっている。その事実は誰かが無条件で私を育ててくれた、世話をしてくれた。赤ん坊の時は何も自分ではできないわけですから、何もできない私がここまで育って、今現に生きている。その事実には、かついのちの出発の時に無条件で世話をしてくださった人がいた。そのおかげで今こうして生きている、ということです。だから私が今ここにいるという証《あかし》、そういう無条件で受け入れてくれた人がいたという証。その証を感ずる限り、どんな思いをもって生きるにしても、最後のぎりぎりのところで生きてゆけるということがあるのではないか。生まれた時には人間は無条件で受け入れられていた、そういう時そういう場が恵まれていたということを鷲田さんはおさえておられるわけです。私は今までそういう捉え方を、うかつにも具体的に考えてこなかったものですから、この文を読んでそうであったんだという驚きを持ちました。

そして、善導大師という方はそういう世界、常にその国土を求めるということを、「帰る」という言葉でおっしゃっています。「帰去来《いざいなん》」（聖典第二版三二四・三七三・四一七頁）、さあ帰ろう。理想に向かって進んでいくんじゃない、忘れてしまっていた、その一番原点に帰ろう。その原点に帰ってみたら、いのちというものがどういう関わりの中で、どのようにして守られ育まれてきたか。そのことを本当に受け止める時、何か思いが行きづまるということだけで、世を棄てるということはできなくなるのではないか。思いが行きづまるということは、ある意味自然なことです。生活の実感として大変なことですけれども、しかし本来、思いというのは行きづまるものです。どこまでも自己中心に立てた思いですから。しかし現実は自己中心に動いていないのです。自分の思いを主張し、自分の思いを何よりも〝ものさし〟にして生きていく時には、必ずそれは行きづまりを体験する。その行きづまりを私どもが本当に受け止め、そこに一番の出発点、いのちの原点を振り返させられる。行きづまりの中でそういういのちの原点を振り返させられるということがあるなら、人間として生きるということが違った姿をもって感じ取られてくる。そこにはそれこそ、皆が無条件に身を委ね、無条件に受け入れる世界が、実は一番本来の出発点の姿であった。そういうことが思い知らされるわけです。

そういう世界、国ということが私どもの生活感覚の中によみがえってきます時、真宗では「無碍光仏《むげこうぶつ》」「無碍光如来」と言いますが、その無碍という言葉は、何の碍《さまた》げもなくすいすいと行くということでは決してなく、その碍げが転機とされていく。碍げとは、行きづまりです。その行きづまりにおいて、私どもがいのちの本来に呼び帰されていく。そこに初めて、碍げをとおして光に満ちた、光に満ちたということは私に関わってくださっている周りのすべての存在が見えてくる、そういう世界に気づかされていくわけです。

今日私どもが失っている大きな感覚の一つが、実は受動性です。私どもはそれこそ自律ということに人間性を見、したがっていかに能動的に生きるかということに、もっぱら価値を見てきたわけです。しかし実は、私どもが生きるということの一番の根本は受動なのです。決して私が選んでこのいのちを生き始めたのではないのです。そしてこの身の事実として与えられていることはすべて、私の選びを超えて私に与えられていた事実なのです。その事実をまず受け止めるということがなかったら、大地に足の着いた歩みは始まらないということです。能動、能動で、自分がこう思うんだ、これが自分の思いだと、そういう主張一方で生きているようですけれども、そういう時にはどこまで行っても思いを出ないわけです。自分を主張し強く生きているようですけれども、自分の思いを超えたいのちの深さとか、いのちの広がりということを、ついに感じることもないままに終わる。それはこの身にいただいたいのちというものを、まことに小さなもの、思いの中に閉じ込めて生きることになるのではないでしょうか。

私どもが人生に行きづまりを感じる時、そのわれわれが感じる行きづまりというものを深く受け止めて生きていく世界があるんだと。そういう人々がすでに限りなくおられ、今現在も共に生きておられるんだと、そういう世界を知らされていく。それが真宗の念仏者の世界であるということです。

本当に人間がどこに自分を立てているのか、自分のいのちがどこに本当にはたらきを受けているのかということがまったく感じられなくなってきた。お互いの思いだけをぶつけ合う、そういう世界になってきてしまっている。そういうことを思います時に、何かあらためて、「欲生我国」というのは非常に遠い言葉のようですけれども、そのような言葉であなたが求めているのは「国」、お互いが本当に出会うことができる世界、それを求めているんだ。それが見つかるまで人間は不安に捉えられて生きざるを得ない。そういうことをあらためて教えられているように感じています。

第二章

いのちを懸けて聞きたいことは

いったい　人間はどこまで
残酷になれる者なのでしょうか。
いったい　科学は私たちを
どういう世界に連れていこうと
しているのでしょうか。
分からないままに、
浮雲のように流されている
自分が、不安なのです。
確かな真実にふれたいのです。
確かな言葉で考えたいのです。

開催にあたって　　宮城　顗

一　いのちを尽くす問い
―歎異抄 第二章―

歎異抄 第二章

一　おのおの十余《じゅうよ》か国《こく》のさかいをこえて、身命《しんみょう》をかえりみずして、たずねきたらしめたまう御《おん》こころざし、ひとえに往生極楽《おうじょうごくらく》のみちをといきかんがためなり。しかるに念仏《ねんぶつ》よりほかに往生《おうじょう》のみちをも存知《ぞんじ》し、また法文等《ほうもんとう》をもしりたるらんと、こころにくくおぼしめしておわしましてはんべらんは、おおきなるあやまりなり。もししからば、南都北嶺《なんとほくれい》にも、ゆゆしき学生《がくしょう》たちおおく座《ざ》せられてそうろうなれば、かのひとにもあいたてまつりて、往生《おうじょう》の要《よう》よくよくきかるべきなり。

親鸞《しんらん》におきては、ただ念仏《ねんぶつ》して弥陀《みだ》にたすけられまいらすべしと、よきひとのおおせをかぶ《（蒙）》りて、信《しん》ずるほかに別《べつ》の子細《しさい》なきなり。

念仏《ねんぶつ》は、まことに浄土《じょうど》にうまるるたねにてやはんべるらん、また、地獄《じごく》におつべき業《ごう》にてやはんべるらん。総《そう》じてもって存知《ぞんじ》せざるなり。たとい、法然聖人《ほうねんしょうにん》にすかされまいらせて、念仏《ねんぶつ》して地獄《じごく》におちたりとも、さらに後悔《こうかい》すべからずそうろう。そのゆえは、自《じ》余《よ》の行《ぎょう》もはげみて、仏《ぶつ》になるべかりける身《み》が、念仏《ねんぶつ》をもうして、地獄《じごく》にもおちてそうらわばこそ、すかされたてまつりて、という後悔《こうかい》もそうらわめ。いずれの行《ぎょう》もおよびがたき身《み》なれば、とても地獄《じごく》は一定《いちじょう》すみかぞかし。

弥陀《みだ》の本願《ほんがん》まことにおわしまさば、釈尊《しゃくそん》の説教《せっきょう》、虚言《きょごん》なるべからず。仏説《ぶっせつ》まことにおわしまさば、善導《ぜんどう》の御釈《おんしゃく》、虚言《きょごん》したまうべからず。善導《ぜんどう》の御釈《おんしゃく》まことならば、法然《ほうねん》のおおせそらごとならんや。法然《ほうねん》のおおせまことならば、親鸞《しんらん》がもうすむね、またもって、むなしかるべからずそうろうか。詮《せん》ずるところ、愚身《ぐしん》の信心《しんじん》におきてはかくのごとし。このうえは、念仏《ねんぶつ》をとりて信《しん》じたてまつらんとも、またすてんとも、面々《めんめん》の御《おん》はからいなりと云々《うんぬん》

（聖典第二版七六七～七六八頁）

往生極楽の道を求めて

ただ今、『歎異抄』第二章をお読みいただきました。最後の「云々」というのは、言葉がこれで結ばれるというわけではない、言葉がなお続いているんだという、言うならば以下略ということです。要のところだけを文章としておさえてある。言葉としてはもっといろいろと教えていただいたけれども、という気持ちが込められてあるわけです。

この第二章の最初に関東のご門弟方が親鸞聖人のもとに行かれたことが書かれていますが、唯円もその中に加わっておられたと考えられます。人々が京都の親鸞聖人のもとにまで、それこそ命がけの旅を続けて聖人の言葉を求めてやって来られる。その人々を駆り立てていたものは、当時、鎌倉で大きな話題になっていました日蓮上人の辻説法。その辻説法の中で既成の仏教教団の説かれてあることをすべて否定される。念仏の教えについては「念仏無間《むけん》」と、念仏の教えに生きるなら必ず無間地獄に堕ちると。念仏によって浄土往生ということが説かれているのを逆手に取って、こういう言葉で批判される。日蓮も命がけでそういう説法をなさっていたわけです。その言葉の力があったのでしょう、ご門弟の中にも大きな動揺がはしる。それからまた親鸞聖人のご子息の善鸞《ぜんらん》という方が、「自分は親鸞の子であり、したがって父親から自分一人が本当の教えを伝え聞いておる。あなた方が聞いているのは徒花《あだばな》（むだ）にすぎない」。こういうようなことをいろいろとおっしゃる。そのことに対する大きな疑問、疑いです。そういうものが人々を突き動かして京都にまで上らせているわけです。

その命がけの旅をして来られたご門弟方に対して、親鸞聖人はある意味では冷たい態度をとっておられます。この第二章の書き出しに親鸞聖人の言葉として書かれているわけですが、「おのおの十余か国のさかいをこえて、身命をかえりみずして、たずねきたらしめたまう御こころざし」と、そこに訪ねて来られた御こころざしに対しては深く受け止めていかれるわけですけれども、日蓮の言っていることは本当なのか。善鸞の言っていることは本当なのか。そういう直接的な問題には何もお答えにならずに、あなた方がはっきりとしなければならないのはひとえに往生極楽の道を問う、そのことでないのか。そのために来たのでないのかと、こういうお答えです。

これは私どもにあっても、現代社会に生きていますと次から次と問題が迫ってくるわけで、問題意識が次から次と呼び覚まされてきます。ただそのために問題意識にいつも引きずり回されて、一体自分が本当に問わずにおれないことは何なのか、人間として本当にはっきりとしなければならないことは一体何なのかということが、いつの間にか見失われてくる。本来はそのために問いを起こしたはずなのですが、それが具体的な事柄と関わっていく間に、その具体的な問題が抱えている状況とか、その問題の移り行きというところで、いつの間にか自分の本当に問うべきことから離れていくというようなことが絶えずあるわけです。

その根本の問い、根本の願いを常に見失わないようにしていく智慧というものが必要です。あなた方にとって本当に問わなければならない問題は何なのか。日蓮や善鸞がおっしゃっていることは本当なのか嘘なのか。それがわかったということで腰を下ろすなら、本来の問うべきことが逆に失われていくではないか。そこに、あなた方にとって、本当にあなた方を促しているものは「ひとえに往生極楽のみちをといきく」ということにあるはずだと。そのことがこの第二章の一番最初におさえられてあるわけです。

こういう問題は常に私どもの周りにあるわけですが、親鸞聖人はこの後、説明ではなくて、私自身はこうだという言い方で訪ねて来られた人々に答えておられます。第二章では「親鸞におきては」と、名のりをもって語り始めておられるお言葉です。

親鸞におきては、ただ念仏して弥陀にたすけられまいらすべしと、よきひとのおおせをかぶりて、信ずるほかに別の子細なきなり。

念仏は、まことに浄土にうまるるたねにてやはんべるらん、また、地獄におつべき業にてやはんべるらん。総じてもって存知せざるなり。たとい、法然聖人にすかされまいらせて、念仏して地獄におちたりとも、さらに後悔すべからずそうろう。そのゆえは、自余の行もはげみて、仏になるべかりける身が、念仏をもうして、地獄にもおちてそうらわばこそ、すかされたてまつりて、という後悔もそうらわめ。いずれの行もおよびがたき身なれば、とても地獄は一定すみかぞかし。（聖典第二版七六八頁）

こういう言葉で親鸞聖人は人々に答えておられるわけです。

この「地獄は一定すみか」という言葉は、私どもはただ文章としてスーッと読んでいますけれども、自分の人生に対する姿勢、態度として、あるいは覚悟として、こういう言葉が出てくることはなかなかないですね。浄土に生まれるための手段として仏教の教えを学ぶのではない。そうではなくて、仏法の教えをとおして「地獄は一定すみか」と、そう自分自身に言い切れるまで自分というものをはっきりと見つめておられる。そしてその事実を大きな喜びをもって生きておられる。そういう言葉です。ですからそこには地獄といっても、これから堕ちるか、堕ちないかというそんな問題ではないんだと。今、現に自分自身の在り様というものを振り返るならば、まさに地獄は一定ではなかったか。今、現に地獄にありという、一つの覚悟です。そういう覚悟を生きていかれた。

後世を祈る

これは親鸞聖人の奥様、恵信尼公のお手紙に載っている文章です。

昨年《こぞ》の十二月一日の御文《ふみ》、同二十日《はつか》あまりに、たしかに見候《み》いぬ。何《なに》よりも、殿の御往生《おうじょう》、中々、はじめて申すにおよばず候う。山《やま》を出《い》でて、六角堂《かくどう》に百日こもらせ給いて、後世《ごせ》を祈《いの》らせ給いけるに、九十五日のあか月、聖徳太子《しょうとくたいし》の文《もん》をむすびて、示現《じげん》にあずからせ給いて候いければ、やがてそのあか月、出《い》でさせ給いて、後世《ごせ》の助《たす》からんずる縁《えん》にあいまいらせんと、たずねまいらせて、法然《ほうねん》上人にあいまいらせて、又、六角堂《かくどう》に百日こもらせ給いて候いけるように、又、百か日、降《ふ》るにも照《て》るにも、いかなる大《だい》事にも、参《まい》りてありしに、ただ、後世《ごせ》の事は、善《よ》き人にも悪《あ》しきにも、同《おな》じように、生死出《しょうじい》ずべきみちをば、ただ一筋《すじ》に仰《おお》せられ候いしをうけ給わりさだめて候いしかば、「上人《しょうにん》のわたらせ給わんところには、人はいかにも申せ、たとい悪道《あくどう》にわたらせ給うべしと申すとも、世々生々《せせしょうじょう》にも迷《まよ》いければこそありけめ、とまで思いまいらする身《み》なれば」と、様々《ようよう》に人の申し候いし時も仰《おお》せ候いしなり。

(『恵信尼消息』第三通・聖典第二版七五四〜七五五頁)

この書き出しに「昨年の十二月一日の御文」と。これは、娘さんの覚信尼公がお母様の恵信尼公にお手紙を出しておられる。そこから「同二十日あまりに、たしかに見候いぬ」と、二十日間経って着いているわけですが、聖人が亡くなったということに対しての歎きとか、愚痴とか、悲しみとか、そんなことは一切書かれていないですね。ただ、「殿の御往生、中々、はじめて申すにおよばず候う」と、これだけの言葉でおさえています。これは前にもご紹介した言葉ですが、「中々」というのは「とてもとても」ということです。そしてこの「はじめて」というのは「いまさらに」ということ。とてもとてもいまさらに何も申すことはありません、ということです。そしてそこからすぐに「山を出でて」と、親鸞聖人のご生涯はどういうご生涯だったのかということを端的にいきなり、書き出されます。親鸞聖人は比叡山で二十年間、仏道を学ばれたわけですが、二十九歳の時にその比叡山の仏教というものを捨てて、「六角堂に百日こもらせ給いて、後世を祈らせ給いけるに」と。この「後世を祈る」ということを、蓮如上人はいつも「後生の一大事」という言葉でおっしゃいます。

「後生の一大事」「後世」と申しますと、何か死んでから後のことを今から心配しているような、死んでから幸せな世界に生まれられることのように思ってしまうのですが、蓮如上人の御作と伝えられる『改悔文《がいけもん》』にこのような文章があります。

一心《いっしん》に阿弥陀如来《あみだにょらい》、我等《われら》が今度《こんど》の一大事《いちだいじ》の後生御《ごしょうおん》たすけそうらえとたのみもうしてそうろう。

（聖典第二版一〇二三頁）

これは『御文』の中にも三箇所ほど出てきます。「後生の一大事」というのは死んだ後の一大事ではなくて、この人生においてはっきりさせなければならない一番の根本の問題なんだ、ということを「今度の一大事の後生」と言うのです。そのことをある方が、「私は後生の一大事というのは、あなたはいつ死ぬかもしれないよ。今のままで死ねますかと、そういう言葉で聞いておりますか」と、おっしゃっていました。「あなたはいつ死ぬかもしれないよ。今のままで死ねますか」と、そういう問いを受け取ることが、そしてそういう問いを問うていくことが、後生の一大事を生きるということ。つまり死に切れるか、死に切れるほど生き切っているかという問いです。本当に死に切れるほどこの世を生き切る。そのことを言い切れなければ死ねないじゃないかということですね。そういうことが「後生の一大事」「後世を祈る」ということです。本当に死に切れるほどに生きていける道がどこにあるのかと。いつ死ぬことになっても、その事実を最後まで生き切っていける、そういう道ですね。
それが『恵信尼消息』には、「後世を祈らせ給いけるに、九十五日のあか月、聖徳太子の文をむすびて」と、これは「夢告《むこく》」という言葉で言われていますが、夢の中で聞き取る。そこに私どもは、夢の中で聞き取ったものなど信用ならん、そんなものはただ単に自分の思いが投影されているだけだと、その言葉に信頼などおけないという感情を持つわけです。

しかしこの夢告というのは、ただ居眠りをしていて突然夢のお告げを受けたということではありません。そうではなくて、その前に「百日こもらせ給いて」とありますように、その一つのことを六角堂に籠《こも》って問い続ける。あらゆる生活の問題を遮断して、六角堂に百日籠って、ただ一筋にそのことを自らに問い続けていかれた。ですから、言うならば夢に見るまでに問い続けられたということです。本当に問い続けていく時、それこそ寝ている時にハッと気づかされるわけでしょうね。

そして、「示現にあずからせ給いて候いければ、やがてそのあか月、出でさせ給いて」と。六角堂を出て、「後世の助からんずる縁にあいまいらせんと、たずねまいらせて、法然上人にあいまいらせて」と、つまり百日参籠《さんろう》して夢告を受けることをとおして、そういう教えを一筋に説いておられる法然上人に会いに行かれた。それで親鸞聖人は法然上人のもとに入られたのかと言うと、そこから、「又、六角堂に百日こもらせ給いて候いけるように、又、百か日、降るにも照るにも、いかなる大事にも、参りてありしに、ただ、後世の事は、善き人にも悪しきにも、同じように、生死出ずべきみちをば、ただ一筋に仰せられ候いしをうけ給わりさだめて候いしかば、「上人のわたらせ給わんところには、人はいかにも申せ、たとい悪道にわたらせ給うべしと申すとも、世々生々にも迷いければこそありけめ、とまで思いまいらする身なれば」と、様々に人の申し候いし時も仰せ候いしなり」と。この最後の言葉が今の『歎異抄』の言葉とそのまま重なるわけですね。「法然聖人にすかされまいらせて」と、第二章にあげられているお言葉が、そのまま『恵信尼消息』に出ている。そして、しかもそれが親鸞聖人が亡くなった時、恵信尼公の心にあらためて頷かれた、聖人のご生涯を表す大事な姿として書かれているわけです。

これは恵信尼公のお手紙の文章の流れからしますと、親鸞聖人は吉水に入られる時にはすでにその思いを定めておられたと読めるわけです。ですからこの第二章に出てくる聖人の「親鸞におきては」というその覚悟の程は、決してこの時初めて唯円たちを前にして考えておっしゃったことではない。親鸞聖人を貫く姿勢、人生に対する生き方を表す言葉であった、そう思われるのです。

この恵信尼公の御文章を見ましても、本当に親鸞聖人という人はねちっこい人ですね。百日参籠して夢告を聞いて、それで法然上人のもとに入ったかと言うとそうではない。それからまた百か日通って言葉を確かめておられます。本当に自分の身に頷けるのか、と。普通なら最初の百日の参籠を終えてそのまま吉水に入るということになるのでしょうが、親鸞聖人はさらに、百日間聞きに通われて、その果てに法然上人の所に入られた。これもやはり非常に大事なことではないかと思います。

現代社会は次から次へとやってくる問題に対して、すぐにインスタント（即席）な結論を求め、結果を求める。本当に問題を持ち続けるということができなくなっています。人間として生きるということは、どういう答えをもっているかということではないのです。どういう問いを問い続けているのかというのが、その人間の生き方を決定していくことであり、その歩みを方向づけてゆきます。前にも申したことですが、どこまでも私どもの学びは〝学答〟であってはならない。答えを学ぶのではないということです。何が私にとって根本の問いなんだということ。人間にとって根本の問いというのは何なのか、その問いを学ぶ。その問いを問い続けていく。そこに歩みというものがあるのでしょう。答えに立ったら、後は同じ答えを持たぬ者は駄目だと否定してみたり、あるいはその答えを握りしめて、その答えを人に押しつけるということに一生懸命になってしまう。答えに立つということは必ず分裂をきたしてくるのですね。自分の答え、その答えに立ってレッテル貼りを始める。大事なことは何を問うているか。そしてそれが常に問い続けられるかです。問い続けられるということは常に自分を開いて尋ね、聞いていこうするその姿勢を私どもに開いてくださるのでしょう。

そういう意味で親鸞聖人は、百日籠られて、そしてまた百日通う。それだけ問い続けていかれている。そしてまた法然上人の言葉に帰《き》されて後も、今度は京都に帰られる前の、四十代の頃だろうと言われていますが、流罪《るざい》の地、越後から関東に移られて行くその途中に、飢饉や疫病で多く人が死んでいくその姿を前にして、いわゆる三部経千部読誦《どくじゅ》ということにすがられる。しかし、その三部経読誦を続けている途中で、「一体自分は何をしておるのだ」と思い返して、読誦をやめられたということが伝えられています。しかしこれがまた、やめられたんですけども、それから十七年の後に風邪を引いて熱を出されて寝ている時にその病床で、「ああ、そうであったか。今はっきりした」と、そういうことをおっしゃった。それで恵信尼公がうわ言なのかと聞かれたら、いや、そうではない、十七年前に関東に移る途中で三部経読誦にすがった、それはやめたけれどもそれがずっと心に引っかかっていて、それが今ようやくはっきりしたと。それはもう十七年間、問いを持ち続けておられたのですね。「十七、八年《ねん》がそのかみ」（『恵信尼消息』第五通・聖典第二版七五八頁）と、これも恵信尼公のお手紙に書かれてあるわけです。そのように問いがどこまでも尽くされていった、そういうことがここには思われるのです。

「他力」の生活

この『歎異抄』の第二章に出ている、「とても地獄は一定すみかぞかし」という言葉ですが、これはもちろん「地獄一定すみかだぞ」と、親鸞聖人がいばってそんなことをおっしゃっているわけではありません。そこには深い悲しみというものが包まれているわけでしょう。ただ、その悲しみというのは、いわゆる悲しみ歎くという悲しみではなく、自己の否定しようのない事実として頭が下がった、その事実の前には頭を下げるほかなかったという、そういう目覚めを意味しているわけです。そこに、決してこれは自分の在り方を自分の頭で確かめてみて、これはやっぱり地獄は一定だと結論づけたということではない。そう言わざるを得ないわが身を知らされた。そのわが身の事実に頭が下がったというところから語られている言葉です。

ですから、「地獄は一定すみかぞかし」というこの言葉は、そう言い切れるほど、その自分の事実に頭が下がるほど確かな世界に出遇ったという、裏から言えば出遇った世界に対する深い確信ですね。そういうものが実は語られているのでしょう。

その言葉の前に「いずれの行もおよびがたき身なれば」という言葉が置かれています。つまり、どのような行であっても、どのような道であっても、歩み通せないわが身と知らされたということですね。押し詰めて言えば、自分の力では一歩も足が前に出ない。出したつもりが少しも前に出ていない。そういう頷きがそこにあるわけです。そのことは言い換えますと、そういう私が今生きてある。そのことは、これはもう私の力ではないということ。それをあらためて知らされたということがあるのでしょう。自分の知恵才覚で生きているのではない、ということです。

よく触れさせていただく言葉ですが、曇鸞大師が『浄土論註《じょうどろんちゅう》』の浄土の性《しょう》、本性という意味に近いわけですけども、その功徳《くどく》を述べられた一段にある言葉ですが、

譬《たと》えば迦羅求羅虫《からくらちゅう》の、その形、微小なれども、若《も》し大風を得れば、身《み》、大山の如し。風の大小に随って己が身相を為すが如し。安楽に生ずる衆生も亦復《またま》た、是《か》くの如し。

彼《か》の正道の世界に生ずれば即ち出世の善根を成就して正定聚《しょうじょうじゅ》に入ること、亦《また》彼の風の身に非《あら》ずして身の如し。焉《いずく》んぞ思議すべきや。

(『浄土論註』真聖全一・三一九~三二〇頁)

迦羅求羅虫という虫自身のその体は、まことに有るか無いかわからないほど微小であるが、大きな風を身に受ければ、大きな山のごとき身になる。小さな風を受けている時は、小さな身になる。風の大小に随って自分の身の姿というものが象《かたど》られてくる。そして、安楽浄土に往生する衆生もまたこの迦羅求羅虫と同じであると。「彼の正道の世界に生ずれば」、つまり安楽浄土に生まれれば、「即ち出世の善根を成就して正定聚に入ること、亦彼の風の身に非ずして身の如し。焉んぞ思議すべきや」と。

この「彼の風の身に非ずして身の如し」ということは、ある意味で「他力」ということをおさえる非常に大事な言葉です。その風は私の風だというわけにはいかない。だけどその私の身に風を受ける時、その風が私を救ってくださる、成り立たせてくださる。これは、一つには限りなく身が小さいこと、つまり、いずれの行もおよびがたい身であるということを思い知らされる。同時にその私は今生きてあるという、そのことにいかに多くの風を身に受けて私は生かされていたか。今現に身に受けている風の大きさというものにあらためて深く頭が下げられて、そういう心が「彼の風の身に非ずして」、風は私の身というわけにはいかないけれど、しかもその風が私の身となってはたらいてくださっている。そういう一つの感動を曇鸞大師はそこに表されているわけです。

つまり、現に与えられているもの、おかげを蒙《こうむ》っているものの大きさを知らされる。何かができるということの不思議ですね。確かにできたのはその人の力、才能、あるいは努力でしょう。だけどその努力ということもおかげを得て努力できているのであって、どれだけ努力しようと思い立ってもできない身の事実ということがあるわけですね。

私に何か努力ができるということも大きな喜びです。私どもは自分の努力を自分の力として固執して、主張している。そして人と比べて優越感を持ったり、劣等感に陥ったりする。けれども実はそういう努力をできることがどれだけ大きなおかげなのか、恩徳《おんどく》なのかということですね。その努力できることのありがたさを知る、それが「他力」の生活の出発点です。そういう心、ありがたさを知る時、私どもはできる限りの努力をせずにおれなくなる。「他力」の生活というのは、他の力を当てにする生活ではない。賜ったおかげを受けて今身に受けている力を尽くさずにおれなくなる、そういう心なのです。自分の力、自分の努力を誇る生活というものは、必ず結果とか評価に振り回される。これだけ努力しても結果が出ないとなると、続かなくなるのですね。ですから自力の生活は行きづまるのです。だけど努力できることに大きな喜びを持つ生活、おかげを感ずる生活というものは、できることをせずにおれない生活になっていくのでしょう。少しでも自分にできることがあれば、それを尽くさずにおれない生活。

ですから、他力の生活こそが最後まで賜ったいのちを尽くしていける生活なのですね。「彼の風の身に非ずして身の如し」と。私がこの身に受けている大きな力、大きなはたらきというものは、我が力にあらずして、しかも私の上に開かれてきている世界だということですね。

私どもが自分の力としてその能力というものを競い合う。そのすべてをあたりまえとして、そこに何の驚きも喜びも持たない時、人間が陥る在り方が「正信偈」では「邪見憍《じゃけんきょう》慢悪衆生《まんあくしゅじょう》」なんだと。邪見というのは結局、自分中心であり、自分を常に自己主張して生きていく心の在り様ですね。そういうおかげを知らない、決してあたりまえでないということを知らない時、人は必ず自己中心に生きている。そして自己中心に生きる時、常に自分の力を頼り、自分の力を固めて他と競い合う。憍慢心ですね。憍慢心は優劣を争う心です。

悪衆生の悪というのは、善し悪しの悪いという意味ではありません。人間として嫌悪すべき在り方をしている者。つまり人間を傷つけ、人間としての尊さを失わせていくような在り方ですね。邪見憍慢になる時、必ず人間としての在り方を失っている。「彼の風の身に非ずして身の如し」と、そういうことに本当に頭を下げずにおれなくなる世界、すべての人々をしてそういうことに目覚ましめる世界として浄土の性《しょう》と。そういうことがこの『浄土論註』ではおさえられています。浄土の本性とは何かと言えば、すべての人にこういう感覚を呼び起こさせる。そういう感覚を人々の上に開いていくような世界なんだということを曇鸞大師はおっしゃっているわけです。

波及するいのち

賜わったいのちを尽くす生活ということで思い出すことですが、四国のあるご住職が、筋《きん》萎《い》縮《しゅく》性《せい》側《そく》索《さく》硬《こう》化《か》症《しょう》（ＡＬＳ）という病気で、全身の筋肉が働かなくなっている。そのために人間としての生の営みが全部できなくなってくる。食べること、息をすること、飲み込むこと、排泄すること、見ること、全部できなくなってくる病気です。そういったものは全部筋肉の働きで営まれているわけですから、筋肉が働かなくなると、食べること、息をすること、咀嚼《そしゃく》すること、そういったあらゆる営みができなくなる。今、そのご住職はあらゆる処置が一応終わって、喉に穴をあけてそこに人口呼吸器が差し込まれていますし、お腹には栄養を入れる管が入っている。それから排泄のための管も入っている。本当にすべてを器械の力に頼る。あるいは人の力に頼るというほかない姿なのです。

それで先だってこのお寺を会場にお話しする機会があったのですが、その時通していただいたお部屋の隣にご住職が寝ておられまして、こちらまですごい音で人口呼吸器の音が響いてくる。「ゴットン、ゴットン」という音です。そして管がちょっとした弾みではずれることがありますので、二十四時間誰かがずっと横で看ていなければならない。そういう状態になっておられる。そこへ近所の子供たちが、見舞いという名目で遊びに来る。見舞いに来てその部屋で子供同士で遊ぶわけです。そして遊んでいて、横になっているご住職の方にあらためて目を向けて、「オッちゃん、なんもできへんのやなぁ」と言った。そうしたら、肘を支えてあげてもらいながら大きな字が書けるので、ご住職は、「それでも耐えることはできるよ」と書かれたというのです。何もできない、情けないということではなくて、「耐えることはできる」と、そういう言葉で子供におっしゃる。そういう姿勢を寝たままの姿で保ち続けておられる。その後で坊守さんに車で送ってもらいながら聞いたのですが、実はお孫さんも体の色素が非常に少ない状態で産まれてこられた。私どもが明るい方に向いて目を開けていられるのは、眼球の裏に色素が保たれているからなのだそうですが、それが少ないものですから、全部明かりが透きとおってしまう。それでものすごく眩しいわけです。

奥様が言われるには、「何で家にこうまで病人ばかりが」と、そういう思いをしたことがあると。でも子供たち夫婦が全然そのことに心を暗くすることがない。まったく普通の子供を授かったように生きている。それである時そのことを聞いたら、「おじいちゃんの姿をいつも見ているから、全然心配しておらん」と。そういう事実を全部受け止めて、その事実のところで精一杯生きていけばいいんじゃないかと。何か黒い髪をしているというのと比べてどうだ、こうだということはないじゃないかと。それこそ最後の最後も「耐えることはできる」。

それは一つの自分の人生に対するまっすぐな、積極的な姿勢でしょうね。そういう姿勢がその子たちにもちゃんとはたらいている。それから、その奥様の弟さんが胃癌ということがわかって入院をされ、手術の前に病院に見舞いに行かれた。するとその弟さんも「お兄さんの姿を見ておるから、何も不安はない」と。自分の病気のその事実を受け止めて、

「生きていける」と。そういうことを言ってくれた。兄の住職は、傍《はた》から見たら器械に全部つながれて、ただ横になっているだけです。言うならばまだ死なずにいるだけのようだけれども、ちゃんと大きな力を周りに与えてくれているんだなと、そういうことにあらためて気がつきました、ということをその奥さんが駅に送っていただく車中で話してくださいました。

何かそういう姿をとおして、あらためて大きな力を賜るということがある。つまり、いのちの事実を生きておられる。そのいのちの事実は私の思いからすれば、まったく耐えられないような事実です。だけどその事実をまさしくわが身のいのちの事実として生きておられる時、同じ人間としてのいのちを生きている者に大きなメッセージと言いますか、そういうはたらきをその存在そのものがしておられる。そういうことですね。しかしそのはたらきは、おそらくそのご住職は「私は知らんよ」と、おっしゃるでしょうね。俺はこれだけはたらいているんだぞと言うならば、決してそんな力を周りの人たちに与えるということにはならないでしょう。その住職自身がそのことに耐えるという言葉で、生かされているという事実をどこまでも大事に受け止めていっておられる。そういうことであればこそ、周りの人に大きな力、はたらきを及ぼしているのでしょう。

かつて「真の生命は波及《はきゅう》する」という言葉を聞いたことがあります。本当に人間としてのいのちというものを受け止めている姿というものは、必ず周りの人々の上にはたらき続けていく。いのちの事実を思いに包んで、わが思いを誇るところには決して人とのつながりというもの、人へのはたらきというものも開かれてはこないのでしょう。思いを同じくする者だけのつながりでしかなくなっていく。しかし、本当にいのちの事実に呼び帰されて、そのいのちの事実に立っていのちを尽くしていかれる、そういう歩みは必ず波及していく。そういう言葉をあらためて思い返させてもらったわけです。

そういうことからも、「地獄は一定すみか」ということは、何か決してやせ我慢で言っていることでもなく、あきらめとしておっしゃっていることでもない。あるいは開き直っておっしゃっていることでもないのですね。実は本当に初めてそう言い切れる世界に遇いました、ということをおっしゃっているのでしょう。「地獄は一定すみかぞかし」と言い切れる世界、そういう世界を賜った。そういう世界を賜るまでは、やはりわが力をもって、わが身を装《よそお》う。そういうことしか道がないことになるのでしょう。だけど、それがどんなに情けない事実であろうと、それがあなたの事実ならば、その事実を生きていく道がここにある。そう呼びかけてくださる世界。それがこの後に「弥陀の本願まことにおわしまさば」と、ある意味で少し飛躍しているようですけれども、実は「地獄は一定すみかぞかし」と頷かせたもの、それが弥陀の本願の世界だと表されています。そしてその弥陀の本願の世界を私どもに、私の上にまで開いてくださった歴史があったということ。そこに世界と歴史に眼が開かれた一つの感動が、「とても地獄は一定すみかぞかし」という、この言葉になっているのでしょう。

「まこと」の道

そこに「弥陀の本願まことにおわしまさば、釈尊の説教、虚言なるべからず」からずっと、「仏説まことにおわしまさば、善導の御釈、虚言したまうべからず。善導の御釈まことならば、法然のおおせそらごとならんや。法然のおおせまことならば、親鸞がもうすむね、またもって、むなしかるべからずそうろうか」と、こういう言葉で、そこに本願のはたらき、そういう世界をこの私にまで伝えてくださったよき人の歴史、その一人ひとりのところに「まことならば」という言葉が貫かれています。「釈尊の説教、虚言なるべからず」というこの言葉も、その釈尊がお説きになった「弥陀の本願がまことならば」ということですね。そしてその釈尊の説法がまことであるならば、善導の御釈も虚言ではないであろうと。そして、「善導の御釈まことならば」と、一貫して「まこと」という言葉が置かれています。

歴史を開く者は決して一人の偉大な個人の力によることではないのでしょう。人生のまこと、人間のまことに目覚めて、そのまことを開き示してくださったその生涯が人を生み出し、歴史にまでなって今この私にはたらいてくださっている。そういう歴史に対する感動。世界に対する大きな目覚め。そういうことが実は親鸞をして「地獄は一定すみか」と、言い切らせているということだと思います。そこに自分のいのちの事実がどういう事実であろうと、その事実を受け止めていける、そういう、言うならば勇気です。勇気としての情熱です。そういう勇気を賜った。信心とは人間としての生き方の勇気というものを開いてくださる道なのでしょう。

私をして、ただ悩みから解放してくださるということではない。そうではなくて、悩みをとおして人生のまことに眼を開いてくださる。そして人生のまことに眼が開かれることをとおして、同じ人生に悩んでいる人々に「ここにまことの道あり」と、その身をもって伝える存在にならされている。決して自分の力ではたらいていくのではないですね。この身にいただいているものの確かさがはたらいていくのであります。この身をとおして周りにはたらいている。そのことが先ほどの迦羅求羅虫の譬えでは、「彼の風の身に非ずして身の如し」と、そういう事実に気づかされる。そういうことが実はこの第二章に流れているかと思います。

今日、私ども人類というものが周りのいろんなはたらきによって生かされてあることの、それこそ「恩」を忘れている。知恩の心を忘れてしまって、人類の理知、理性をもってすべてを変えていこうと。人間の思いに合う世界を築きあげていくことが人類の進歩だと思い込み、そう歩んできた。しかしそのことが結局、人間そのものが生きていけない世界に自らを追い込んできている。何かそこにあらためて私どもに求められるものは、そういう知恩の心をとおした人間としての謙虚さでしょう。精神の傲慢さ、人間の理知に対する傲慢な自負心、それをものさしに人間は世界を変えてきたわけですけれども、そういうことをあらためて思わせられています。

何か「地獄は一定すみかぞかし」というその言葉にまでなってきている、親鸞聖人の出遇っていかれた本願の世界ということが、ここには顕らかにされてきているのでないか、そういうことを強く感じているのです。

二　善悪を超えて ―歎異抄 第三章―

歎異抄 第三章

一　善人《ぜんにん》なおもって往生《おうじょう》をとぐ、いわんや悪人《あくにん》をや。しかるを、世《よ》のひとつねにいわく、悪人《あくにん》なお往生《おうじょう》す、いかにいわんや善人《ぜんにん》をや。この条《じょう》、一旦《いったん》そのいわれあるににたれども、本願他力《ほんがんたりき》の意趣《いしゅ》にそむけり。そのゆえは、自力作善《じりきさぜん》のひとは、ひとえに他力《たりき》をたのむこころかけたるあいだ、弥陀《みだ》の本願《ほんがん》にあらず。しかれども、自力《じりき》のこころをひるがえして、他力《たりき》をたのみたてまつれば、真実報土《しんじつほうど》の往生《おうじょう》をとぐるなり。煩悩具足《ぼんのうぐそく》のわれらは、いずれの行《ぎょう》にても、生死《しょうじ》をはなるることあるべからざるをあわれみたまいて願《がん》をおこしたまう本意《ほんい》、悪人成仏《あくにんじょうぶつ》のためなれば、他力《たりき》をたのみたてまつる悪人《あくにん》、もっとも往生《おうじょう》の正因《しょういん》なり。よって善人《ぜんにん》だにこそ往生《おうじょう》すれ、まして悪人《あくにん》はと、おおせそうらいき。

（聖典第二版七六八〜七六九頁）

いわんや悪人をや

今回は第三章をとおして少しお話しさせていただきたいと思います。この第三章は最後に「おおせそうらいき」と、こう結ばれています。これが前回までの第二章、それからさらには、第一章、そしてこの後の第四章も第五章も、全部「云々」という言葉で閉じられています。これは繰り返しになるかもしれませんが、「云々」ということは、まだまだお言葉があったのだけれども、その中からおさえて言うならばと、含みを持たせた言葉遣いです。それが第三章では「おおせそうらいき」と、きちっと言葉が結ばれています。

この言葉遣いですが、『歎異抄』では第三章と第十章の二箇所にありまして、今一つの第十章では、「「念仏《ねんぶつ》には無義《むぎ》をもって義《ぎ》とす。不可称《ふかしょう》・不可説《ふかせつ》・不可思議《ふかしぎ》のゆえに」とおおせそうらいき」（聖典第二版七七一頁）と結ばれています。それで第一章から第十章のこの「おおせそうらいき」までが、親鸞聖人のお言葉を伝える一段で「師訓篇」という呼び方がされています。そして、第十一章から第十八章、最後に後序がありますが、これが文字どおり親鸞聖人の仰せに抗うことを主張する異義ですね。その異義を悲歎する唯円の言葉が述べられていますのが「歎異篇」と呼ばれるわけですが、『歎異抄』は大きくはこの二つに分かれています。そして、「師訓篇」の中で第三章が一つの区切りを持っているということが今の「おおせそうらいき」という言葉で結ばれてあることで示されていると、だいたいこういうように言われています。

こういう名前をつけたからどうということではないのですけれども、ここの一章から三章までは親鸞聖人ご自身の、その身に頷いていかれた信心の世界を述べておられる。いわゆる安心《あんじん》が述べられていると、このようにおさえられます。そしてまた『歎異抄』全体としては、「師訓篇」と「歎異篇」はちょうど向き合うように各章が対応しているという在り方も留意されています。つまり第三章の心を尋ねる時に第十三章を照らし合わせて尋ねていくということも、教えられているわけです。

この第三章の「善人なおもって往生をとぐ、いわんや悪人をや」というお言葉は大変有名と言うとおかしいかもしれませんが、よく取り上げられるお言葉です。高校の教科書でも、この第三章が取り上げられていたということがあります。それほど親鸞聖人と言えばこの「悪人をや」という言葉が、思い浮かべられるということがあるのです。

実はこの「善人なおもって往生をとぐ、いわんや悪人をや」という言葉は、法然上人がすでにおっしゃっているのです。ただ法然上人の場合は、逆の「悪人なおもて往生をとぐ、いわんや善人をや」という言い方もありますし、その言葉の方が表に出ています。ですから法然上人が「善人をや」とおっしゃったのを、親鸞聖人は「悪人をや」とまで言い切られたと、こういうようにも言われます。けれども、法然上人の全集に「善人なおもて往生をとぐ、いわんや悪人をやのこと　口伝これあり」(『昭和新修法然上人全集』「三心料簡および御法語」平楽寺書店)と、こういう言葉があります。この表題のもとに、法然上人の御文章が書かれてあるのです。ですから、決して親鸞聖人が初めて「悪人をや」とおっしゃったというわけではありません。

ただ、こういう言葉があるにしても、法然上人の生きていかれたその姿勢は、あえて言えば善人でした。つまり仏教、仏道を歩む者は仏陀の立てられた戒というものを守って身を整え、姿勢を正して生きるべきだと、こう言われてきている。それに対して法然上人は「戒無用」、また「菩提心無用」ということもおっしゃった。それで仏教界に非常に大きな問題を引き起こして、いろいろな法難に遭われるわけですが、法然上人ご自身は決して戒を破るような行為はなさっていないのです。親鸞聖人は身をもって肉食《にくじき》、妻帯され、戒を破って歩まれた。そういう事実に対して、法然上人は言葉では「戒無用」とおっしゃっていますけれども、そのご生涯を貫く姿勢は教えに順《したが》って身を律していく、そういう在り方であった。ですから、同じように「悪人をや」という言葉はあるのだけれども、何かそのご生涯と、このお言葉がもう一つ強い響きをもって人々に伝わらなかった、ということがあったのではないかと思われます。

『歎異抄』の流布

それからもう一つは、この『歎異抄』の流布という問題でしょう。『歎異抄』が広く流布されたのは蓮如上人によってです。『歎異抄』の一番最後に、「釈蓮如　御判」（聖典第二版七八六頁）とあります。つまり蓮如写本というのが、私どもが手にできる一番古い『歎異抄』です。蓮如上人の仕事によって『歎異抄』というものが伝わったと言ってもよいわけです。ただ、巻末に小さく漢文で書かれていますが、「右斯《こ》の聖教《しょうぎょう》は、当流《とうりゅう》大事の聖教と為《な》すなり。無宿善《むしゅくぜん》の機《き》に於ては、左右無《さうな》く之《これ》を許すべからざるものなり」（同前）と、こういう言葉を蓮如上人が書き添えておられた。つまり

『歎異抄』には真宗の教えの姿というものが、ある意味であからさまに説かれていると。だから、それこそこの第三章がそうであったわけですけれども、真に本願の教えに目覚めている人はともかくも、「無宿善の機」、まだそういう本願の教えに目覚めることのない人が自分の頭で読むと、誤解を招く恐れがある、そういう教え、御書物だと。だから誰にでも「左右無く」、何の考慮もなしに、見せるべきご聖教ではないと、こういう注意書きを蓮如上人がなさっているわけです。このことで、江戸時代まであまり表に『歎異抄』というものは読まれてこなかったとも言われます。

それがあらためて『歎異抄』が広く伝わったのは、ご承知のとおり清沢満之先生が明治に出られまして、この『歎異抄』というものを自らの生きていくうえでの導きの書として深く読まれた。そしてその名を伝えられたということがありました。それからは真宗ということに限らず、およそ人生の真実を求めて生きる、そういう人がまた等しく『歎異抄』というその書物に心を惹かれて読まれるということがあったわけです。そこに宗派を超え、生きておられる世界の異なりを超えて、等しく人間というもの、人間として本当に生きるその歩みにとっての深い教えの書として『歎異抄』が広く読まれるようになった。そのことをとおして、そこに書かれてあります「善人なおもって往生をとぐ」という言葉が、いつしか広く『歎異抄』の名とともに伝わったということですね。そこに、この言葉は親鸞聖人のお言葉として受け取られもし、伝えられもしてきたと、こう言っていいかと思います。

いずれにしましてもこれはある意味で、私どもの常識を突き破る言葉です。広く伝えられる教えというものは〝もろもろの善をつとめ行え、もろもろの悪を為すことなかれ〟、これが基本です。そういうことに対して「善人なおもって往生をとぐ、いわんや悪人をや」などということは、おおよそ出てくる言葉ではないわけでして、その言葉がある意味で深い驚き、さらに言いますと、深い喜びをもって伝えられてきたということがあるわけです。

つまり、〝もろもろの善をつとめ行え、もろもろの悪を為すことなかれ〟ということがおおよそ社会倫理、さらには宗教を通じての基本の言葉であるわけですが、しかしこういう言葉が掲げられているのに対して、現実にはそうは生きることができない人々がいる。悪をなすべきでない、少しでも善を積もうと、そう頷いているのだけれども、しかし生活の現実というものが、そのことを許さないという厳しい人生を送っている人々がいる。特に親鸞聖人の生きられた時代にあっては、善をつとめ行い、悪を少しでも犯さず生きていけるような人はほんの一握りの人々です。貴族社会の、それも上流の人でしょう。多くの人々はそういう教えが立てられている中で、しかし現実の生活は、その教えに背くようなことしかしていけないわけです。

これは当時のいろいろな階層の人々の歌を集めた『梁塵秘抄《りょうじんひしょう》』の言葉ですが、その中の一首に、

はかなきこの世を過ぐすとて　海山《うみやま》かせぐと　せしほどに
万《よろず》のほとけに疎《うと》まれて　後生《ごしょう》　わが身をいかにせん

と、あります。海の魚や山の獣の命をもらって生業《なりわい》としていく。そのことは、殺生を戒める仏の教えからは遠く背く生き方。だけどそのことをせずにはこの世を過ごせない。そこに、よろずの仏に疎まれた者として、わが身を悲しむという心が人々を強く捉えていた。だからこそ、「善人なおもって往生をとぐ、いわんや悪人をや」という言葉が、当時の人々にどれほどのインパクトと言いますか、衝撃を与えたか。この「万のほとけに疎まれて　後生　わが身をいかにせん」という悲しみの深さが、あるいは恐れの切なさが感じられない限り、私どもが、ただ言葉として「善人なおもって」とこう読んでも、ちょっと人と変わったことおっしゃるな、程度になってしまいますね。現在の私たちは仏教以外のい

ろんな人生の考え方、思想に触れていますから、仏教ではそう言っているかも知れないけど、こっちではこう言っていると、自分の生き方を認めてもらえる思想というものを、いくらでも持っているわけです。

だけど当時にあっては仏教というものは、ただ寺院の中にだけあった考え方ではなかった。当時の人々の生活全体を大きく包み、定めていた教えでしたから、そこではいわゆる「堕地獄」という、地獄に堕ちるというようなことも、私どもがとても想像できないほどの現実感を持っていて、その地獄に堕ちるということへの恐れを感じておられたということがあったのだと思います。そういうものが全部、今日の私たちの生活の中では薄れてきて、ほとんど感じない。まだ私の世代ですと子供の時代に、親に連れられてお寺に参ると地獄の絵が描いてあって、こういうことしたら、ここへ堕ちるぞということを聞かされました。子供の時に感じた恐怖感、それがいまだに忘れられないというようなことを書いておられる文学者もよくおられます。そこの世代までは、「堕地獄」ということも、深い恐れとともに実感されていたんだと思うのです。そういう人々にとって「悪人こそ」というようなことは、本当にその言葉が胸に響いた時、その喜びというようなものが、どれほど大きかったか。文字どおり狂喜乱舞するというようなことがあったのでしょう。

今まではよろずの仏に疎まれた者として、もう次の世の地獄は定まったと、そういう絶望の中を生きていた。そういう人々が、「われらこそ」と、こうおっしゃられる本願があったと。本願の教えがある、そのことに狂喜乱舞した。そのことが、しかしまた喜びが爆発して度を越すということが、どうしても出てきたのでしょう。「造悪無碍《ぞうあくむげ》」という、どれだけ悪くても何の碍《さわ》りにもならない、それどころか悪をつくればつくるほど本願のまさしく救いの対象となっていくんだと、救いに近くなるんだと、そういう考え方が次々と出てくる。これは決して、ただ言葉尻を取り間違えて、考えを間違えたということではなくて、その人たちが感じた喜びの深さというものが、造悪無碍という姿にまで爆発していったと言うべきなのだと思います。ただ誤解してしまった、ということでは決してなかったのでしょう。

まことのそこをもしらずして

それで、親鸞聖人も繰り返し繰り返し、そういう考えに陥っている人々を戒めるお手紙をお書きになっています。

なにごとよりは、聖教《しょうぎょう》のおしえをもしらず、また、浄土宗《じょうどしゅう》のまことのそこをもしらずして、不可思議《ふかしぎ》の放逸無慙《ほういつむざん》のものどものなかに、悪《あく》はおもうさまにふるまうべしと、おおせられそうろうなるこそ、かえすがえす、あるべくもそうらわず。

（『御消息集（広本）』第五通・聖典第二版六九四頁）

一番最初の「なにごとよりは、聖教のおしえをもしらず、また、浄土宗のまことのそこをもしらずして」、この場合の「浄土宗」とあるのは、今の浄土宗という宗派を指しているのではなく、浄土の教えということです。親鸞聖人は自らの歩まれた道を浄土宗と、こうおっしゃっています。「浄土宗のまことのそこをもしらずして」と、その教えの本当の心というものをも知らずに、「不可思議の放逸無慙のものどものなかに」、考えようもないほどのわがままで、自らの心に恥じることのない、そういう人々の中に、「悪はおもうさまにふるまうべしと、おおせられそうろうなるこそ」、悪いことは思いのままにするほうがいいんだという。それは「かえすがえす、あるべくもそうらわず」と。

それから、次もお手紙の中のお言葉ですが、

もとは、無明《むみょう》のさけによ《（酔）》いふして、貪欲《とんよく》・瞋恚《しんに》・愚痴《ぐち》の三毒《さんどく》をのみ、このみめしおうてそうらいつるに、仏《ぶつ》の御《おん》ちかいをききはじめしより、無明《むみょう》のよいも、ようよう《（漸）》すこしずつさめ、三毒《さんどく》をもすこしずつこのまずして、阿弥陀仏《あみだぶつ》のくすりをつねにこの

みめす身《み》となりておわしましおうてそうろうぞかし。しかるに、なお無明《むみょう》のよいもさめやらぬに、かさねてよいをすすめ、毒《どく》もきえやらぬに、なお三毒《さんどく》をすすめられそうろうらんこそ、あさましくおぼえそうらえ。煩悩具足《ぼんのうぐそく》の身《み》なれば、こころにもまかせ、身《み》にもすまじきことをもゆるし、口《くち》にもいうまじきことをもゆるし、こころにもおもうまじきことをもゆるして、いかにもこころのままにあるべしともうしおうてそうろうらんこそ、かえすがえす不便《ふびん》におぼえそうらえ。よいもさめぬさきに、なおさけをすすめ、毒《どく》もきえやらぬものに、いよいよ毒《どく》をすすめんがごとし。くすりあり毒《どく》をこのめ、とそうろうらんことは、あるべくもそうらわずとぞ、おぼえそうろう。

（同第一通・聖典第二版六八八頁）

この「無明のさけ」とは、真実の智慧に暗く、自分の思いこそすべてだと、そういう無明の思いに酔い伏している、これを酒に酔うということに掛けてあるわけです。そして「貪欲・瞋恚・愚痴の三毒」、これは煩悩の一番根本である、三大煩悩ですね。むさぼりと、いかりと、おろかさですが、元はそればかりを好んで食べていたと。それが、「仏の御ちかいをききはじめしより、無明のよいも、ようようすこしずつさめ」、ようやくにして、はからずも阿弥陀仏の教えに出遇ってそういう三毒を少しずつ、恥ずかしくも、悲しくも思い、はなれる。そして阿弥陀仏のくすりを、常に好み召す身になる。しかし、したいことをする、言いたいことを言う、そういうことをすることこそが、自分の心のままに素直に生きる、そういう姿だと。それは、大変哀れで、痛ましく思われます、と。「よいもさめぬさきに、なおさけをすすめ、毒もきえやらぬものに、いよいよ毒をすすめんがごとし。くすりあり毒をこのめ、とそうろううらんことは、あるべくもそうらわずとぞ、おぼえそうろう」と。

この「くすりあり毒をこのめ」というのはよくおさえられる言葉ですね。本願はいかなる三毒の煩悩にも碍《さまた》げられることなくはたらく薬であると、その薬があるのだからどれだけ毒を飲んだって構わないんだと。だから毒を好めと、そのように言うことはあってよいことではないと、親鸞聖人が深い歎きを述べておられるわけですね。こういう言葉がまた「御消息」というお手紙には、繰り返し出てきます。

それほど多くの人が、当時この「悪人正機」という、「悪人こそ」というその教えに感動した。そういうことがあったわけです。それで、この「くすりあり毒をこのめ、とそうろううらんことは、あるべくもそうらわず」というこの言葉は、やはり本当に毒にあたった苦しみを知っている者であったならば、どれほど、それを治してくれる薬があるからといっても、決して毒には手を出さないだろう。「くすりあり毒をこのめ」などということは、実は本当にその毒にあたったことのない人の心であって、そこに深くわが身を歎くということがあるならば、そのような思いは決して出てくることではないということを、お手紙をもって親鸞聖人が教えておられるわけです。その当時の人々の現実というものを背後にふまえて、この第三章の言葉を受け取っていかなければならないということを思います。

本願他力の意趣

そのうえで「善人」「悪人」ということの言葉ですが、どういう人を「善人」と言い、どういう人を「悪人」と言っているのかという問題です。善根を積んでいる人が善人であるはずですし、そのような教えなどをまったく省みることなく、自分の欲望のままに生きている人を悪人と言う。一応そういうことでしょう。ですけれど、もっと広げて、およそ人間として善人、悪人ということで、私たちは善悪ということを教えられて、生き方を学んできたわけです。小さな時から、そんなことはしてはいけないんだ、それは悪だと教えられる。あるいは何かそう意識もせずに、一つのケーキをもらったのを周りの人に分けて、食べてもらう。子供がそういうようなことをした時には、「ああ、いい子だ」「いいことしたね」というような言葉をかける。そのことをとおして「ああ、こういうことが善なんだな」と。

やはり振り返ってみますと、親の「そういうことはしてはいけない」という戒《いさ》めによって悪を知り、あるいは褒《ほ》めてくれ、頭をなでてくれた。そして周りの人がにこにこした。そういうことで善を感じ取ってきた。そういうことをとおして私たちは、善いこと、悪いことの基本的なものさしを互いに身につけてきたのではないかと思います。そして、善悪がまったくわからない時にはもう、どう生きればいいのかと、生き方が定まらなくなるということがあるわけです。しかも始末の悪いことには、その善とか悪とか言っていることが、決して一律でないということがあります。それは時代によって異なり、国によって異なり、状況によって異なります。

例えば、私にとっては中学三年の時が敗戦でしたから、それまでは、これが善、これが日本人としての特に男子のなすべきこととして、「軍人勅諭《ちょくゆ》」というものがありました。当時は中学校にも配属将校という人が来ていまして、軍隊から派遣されて、校長以上の権限を持っていました。下手に廊下ですれ違いますと運の尽きです。校長室よりも立派な配属将校室へ連れて行かれて、そこでこの軍人勅諭を言わされて、つっかえますと、それこそスリッパで顔をひっぱたかれるというようなことがありました。そういうことをずっと続けてきて、そして敗戦になったとたんに、その顔をひっぱたいた将校は「今までの事は悪夢だったと思って忘れてくれ」などと学生に頼むのです。そうすると、何だこれはということになりますね。善悪ということは、なかなかこれが善だこれが悪だと簡単には決められない問題をそこにはらんでいるわけです。

第三章の場合は、善人、悪人ということの異なりというものについては、「本願他力の意趣にそむけり」と、こういう言葉があります。その「本願他力の意趣」ということが、善悪を見定める軸となっておさえられてあるわけです。その「本願他力の意趣」を頼まずに自力の心を生きる者、それがここでは善人という言葉でおさえられています。ですから善人とは自力の心に生きる者だと、こういう意味がこの第三章の上からは出てくるわけです。このことを親鸞聖人は『唯信鈔文意』という御書物のお言葉の中で、こう申しておられます。

「不簡《ふけん》貧窮《びんぐ》将《しょう》富貴《ふき》」というは、「不簡《ふけん》」は、えらばず、きらわずという。「貧窮《びんぐ》」は、まずしく、たしなきものなり。「将《しょう》」は、まさにという、もってという、い《(率)》てゆくという。「富貴《ふき》」は、とめるひと、よきひととという。これらを、まさにもってえらばず、きらわず、浄土《じょうど》へいてゆくとなり。（聖典第二版六七六頁）

ここに「不簡貧窮将富貴（貧窮と将《まさ》に富貴とを簡《えら》ばず）」という言葉が出ています。それを親鸞聖人が訳しておられるわけですが、「「不簡」は、えらばず、きらわずという。「貧窮」は、まずしく、たしなきものなり」。「たしなきもの」というのは、嗜《たしな》みのない者という意味です。言い換えれば「教養のない者」ですね。貧しくて、そのためにそれこそ教養など身につけることのできなかった人々、荒々しく生きている人々。そして「「富貴」は、とめるひと、よきひとという」。ここに善人の、つまり「よきひと」という言葉がこの「とめるひと」というところに置かれています。このことが一つ注意されます。それからさらに、

「不得外現《ふとくげげん》　賢善精進之相《げんぜんしょうじんしそう》」（散善義）というは、あらわに、かしこきすがた、善《ぜん》人《にん》のかたちを、あらわすことなかれ、精進《しょうじん》なるすがたをしめすことなかれとなり。そのゆえは、「内懐虚仮《ないえこけ》」（同）なればなり。「内《ない》」は、うちという。こころのうちに煩悩《ぼんのう》を具《ぐ》せるゆえに、「虚《こ》」なり、「仮《け》」なり。「虚《こ》」は、むなしくして実《じつ》ならぬなり。「仮《け》」は、かりにして真《しん》ならぬなり。このこころは、かみにあらわせり。この信心《しんじん》は、

まことの浄土《じょうど》のたね（因）となり、み（実）となるべしと。いつわらず、へつらわず、実報土《じっぽうど》のたねとなる信心《しんじん》なり。しかれば、われらは善人《ぜんにん》にもあらず、賢人《けんじん》にもあらず。賢人《けんじん》というは、かしこくよきひとなり。精進《しょうじん》なるこころもなし。懈怠《けだい》のこころのみにして、うちは、むなしく、いつわり、かざり、へつらうこころのみ、つねにして、まことなるこころなきみ（身）なりとしるべしとなり。「斟酌《しんしゃく》すべし」（唯信鈔）というは、ことのありさまにしたがいて、はからうべしということばなり。

（聖典第二版六八三～六八四頁）

「賢人というは、かしこくよきひとなり」と。ここにもやはり「よきひと」という言葉を親鸞聖人はあげておられます。そうしますと、この「よきひと」というのはまず「とめるひと」、富める人はいろんなものを身に持っている人ですね。それは言い換えればもちろん財力、いわゆる財産を持っている者。そしてそういう人は、何らかの権力を持つ。それから地位を持つ。そしてそれこそ教養をも身につけることのできる人。そういう持てる人、富める人が「よきひと」。それはもう一つ言いますと、われをよき人と思える人、自分を善人として自負できる人です。さらに言えば、どこかでいつも、教養のない人を、「あの人は」と、見下してしまう。見下す形で自分を立てている、そういう人。それから

「賢人」の方は、賢き人ということですから、知識を持った者、いわゆる知識人、学者。そしてそうした人はだいたい指導者、そういう立場に立つ人でしょう。その意味では「よきひと」というのは社会の表に出ている人でしょう。そして人々から一応認められ、自分自身も指導者をもって、あるいは教養人をもって自負できる人。そういう人を善人と。

　それに対して、悪人というのは、そういうものを一切、身に持つことのできなかった者。こういうことが一つそこにはおさえられてくるかと思います。そこには自らを認める自認、自負ということではなく、自らの在り方を悲しむという心を持っている。自らを悪人として悲しみを持っている者、これが悪人です。

　ですからこの第三章で言われている善人、悪人は、目の前にいる人に善人、悪人というレッテルを貼って、色分けして、そして善人こそ、悪人こそと、こういうことを言っておられるのではないのです。善人意識と悪人意識ですね。自分自身を善人と自負している人。それに対して、自らを悪人としか思えない、そういう悲しみを持って生きている人、そういうことが「善人なおもって」という言葉にはあるわけです。そういうことを抜きにしますと、ただ、人の上に善人・悪人の見分けをして、この人ならば本当で、この人ならばだめだという色分けをするということだけに終わるのでしょう。そういう意味では決してないということです。そこで、あらためて善人意識というのがどういうものか、そのことを少し振り返ってみたいと思います。

超えられない善人意識

このことについて、聖書に「ルカ伝福音書」がありますが、ここに有名な放蕩《ほうとう》息子の物語が説かれています。

ある所に大変な金持ちがいて、息子が二人いた。そして、それぞれ兄弟に遺産を分ける。兄はもらった遺産を大事にして、田畑を耕し、動物を飼い、家の仕事を一生懸命にして、親の手伝いをしながら生きていく。ところが弟の方は手にした大金に心躍って、自分のしたいことをしほうだいするわけです。弟は家を飛び出して好きなことをしていたのですが、気がついたら手元にもうお金がない。働こうにも、その頃その土地を飢饉が襲って、食いつないでいくだけでもみんな必死で、どこにも雇ってくれる所がなかった。

そしてついに食べていけなくなり、本当に打ちのめされてしまって、今まで自分の思いどおりに生きてきたと思っていたけれども、生きてこられたのは、それこそ父や周りの人、いろんなおかげを受けて生きていた、生かされていた。そのことに気づき、今までの自分の在り方を悲しんで家へ帰って来る。しかし、もう息子だなどとはとても言えず、「どうか召し使いとしてこの家で働かせてください」と、こう放蕩息子が言うわけです。父の方は帰って来た放蕩息子に大喜びして、祝いだと言って、牛一頭を料理して皆で喜びの宴をする。

そこへ、その日も働きに出ていた兄の方が帰って来るわけです。家で大変な御馳走を前にして騒いでいるので、一体何事だと聞いたら、「弟が帰ってきた、そのお祝いの宴だ」と言う。それを聞いて兄さんが怒り出すわけです。「俺は一生懸命働いて家のために尽くし、親父のためにも尽くしてきた。なのに俺の友達が来た時には羊一匹くれなかった」と。それが放蕩息子の弟が帰って来た時に、「何で牛一頭使って、料理したりして喜ばなければならんのだ」と言って食ってかかるわけです。

それに対して父は、「お前はいつも私のそばに居てくれるのだし、私の物はみんなお前の物なんだからあらためて祝うということはないけれども、弟の方は死んだ息子と思い切っていた。その息子がまったく今までの生き方というものを捨てて、一人の召し使いとして働かせてくれと、こう自分の身を投げ出して言ってきた。これが祝わずにおれるか」と、こう答えた。そういう物語が聖書に出ているわけです。

これもやはり善人意識の問題ですね。兄の方は本当に一生懸命働いて、家のため、親のために尽くしている。だけどその善人意識というものにおいては、親のためとは言っていますけれども、親のためにしている自分というものが別に立つわけですね。親のそば近くに居て、親のために尽くしていると言うのですけれども、実は限りなく遠く離れている。いつも自分は親のそばにいるのですけれども、人のために尽くしているという意識を持っているなら、実は親の心と一つにはなっていないわけです。ある意味で弟の方は頭を下げた時に、いかに自分が親によって今まで守られ、育てられてきたか。その親の心が身体に満ちているのです。ところが兄の方は、親の心は前にあるのですね。それで、自分は親の心に添うようにやっていると。やっている自分の心はやはり大事に立てている。そこでは実は、どこまでいっても一つになれない遠さというものを善人意識は持つのでしょう。

このルカの福音書の物語においても、私どもが自分のしていることを自負し自認している限り、決して人と一つになることはない。そしていつも人を批判する。そういう心を捨てられない。我をよしとして、自分のものさしによって、周りの者を評価づけしていくということが必ず起こってくる。そういう心というものは、実は親の心から一番遠く隔たっている心なのでしょう。

第三章の善人というのも、実は本願の意趣、弥陀の本願ということと一つになれないのです。善人意識がある限り、自分は教えのとおりに、あるいは人としてなすべきことをなしていると。その善人意識が、ただひたすら信ずる、ただひたすら本願に聞く、そういう心からひたすら遠く隔てる。それに対して、いかに今までの自分が愚かであったか、いかに今までの自分が多くの人を傷つけ、また自らに賜った人生を本当に無駄に過ごしてきていたか、そのことに深い悲しみをもって気づく時、気づかせてくださったその言葉、教えに全身が満たされているということがはからずもそこに起こる。

「善人なおもって往生をとぐ」というのは、実はただ単に善人でもと、そういうことでもない。本願から、あるいは救いからもっとも遠く隔てている善人の意識、自分を自負し、自分を自分自身で認めていく、そういう自負の心、自認の心。そういうものがある限り自分を離れることはあり得ない。自分を立てている限り本願といってもそれは、自分の外に別なこととして立てているわけですから、そこに結局、生きているのは、自分に生きているということを超えられずにいる。そういう問題が実はこの第三章にあらためて思われるわけです。善人・悪人というものを前に置いて、この人は善人、この人は悪人と、そういうことではない、私どもの中にある善人意識、悪人意識の問題です。

これは『二軒の家』という、小学生の時に読みまして奇妙に覚えている物語です。Aの家は朝から喧嘩ばかりしている。親子喧嘩、夫婦喧嘩ですね。お互いに罵り合ってばかりいる。Bの家は皆が仲良くいたわり合いながら生きている。それでAの家のおばあさんがBの家のおばあさんに聞いた。「何でうちはこんなに喧嘩が絶えないのだろう。何でお宅は皆が仲良くやっていけるのか」。すると、Bのおばあさんが「あんたん所は、善人ばかりがおるから喧嘩が絶えないんだ。うちは悪人ばかりだから仲良くいくんだ」と、こう言ったという。こういう物語が出ていまして、何か忘れられずにいるのです。つまり、Aの家では、例えば部屋を歩いていて、下に置いてあったヤカンを蹴飛ばしたと。すると蹴飛ばした者は「誰だこんな所へヤカンを置いたのは！」と、こう怒る。ヤカンを置いた方は「下をよく見て歩け！」と、こう言う。誰も悪い者はいないわけですね。「私は間違っとらん。あんたが間違っとる」と言う。だから喧嘩になるわけです。それに対してBの家は、ヤカンを蹴飛ばした者は「とんだ粗相をいたしまして申しわけない」と謝る。そうするとヤカンを置いた方が、「いやいや、そんな所へ置いておいた私が悪いんです」と、皆が自らを悪人として頭を下げ合って、皆が仲良くやっていけると、こういう物語なのです。

ただ、これを読んだ時に私は、何とBの家は気持ちの悪い家なんだという気がしました。こんな家だったら油断も隙もない。何かニコニコしてもらっているので安心していたら、とんでもない目に遭いますね。Aの家の方だったら笑っている時は間違いなく楽しいのでしょうね、正直ですから。だけどBの家はニコニコしてくれるのですけれども、腹の中では何を思われているやらと、子供心に何かそんな気がしました。これもBの家は「悪人ばかり」と言っているのですが、そこにあるのは悪人意識ではなく、善人意識です。私が悪人になってあげるから、家の中はうまくいっているんだと、こういうことですから、実はどちらも善人意識なのです。その善人意識を持っている限り一つになれないのです。一つになっているような形であっても、一番根っこのところで「私が」というのが、やはり退かない。それほど人間にとってこの善人意識というものは抜き難くあるわけです。

なかなか自分の善人意識を乗り超えるということは難しいのです。そういう問題が実はこの第三章にはずっと説かれています。そしてまたそこには、善とか悪とかいうことを私たちが本当に決めることができるのかということがあるわけです。

例えば子供のいる家で下に赤ちゃんが生まれると、関心が全部赤ちゃんの方へいってしまいます。そうすると、上の子供はだいたい悪さをしますね。悪さをすることで、いよいよ遠ざけられるのだけれども、本人の気持ちとしては、こっちを向いてくれ、という叫びです。ですから行為だけのところで悪というレッテルがつけられるのか。また、自分のしている行為というものを、これはこういうことだから善だと、本当にそう言い切れるのかと。そこにこの『歎異抄』では、後序のところに親鸞聖人の言葉として、次のようにあります。

まことに如来《にょらい》の御恩《ごおん》ということをばさたなくして、われもひとも、よしあしということをのみもうしあえり。聖人《しょうにん》（親鸞）のおおせには、「善悪《ぜんあく》のふたつ総《そう》じてもって存《ぞん》知《じ》せざるなり。そのゆえは、如来《にょらい》の御《おん》こころによしとおぼしめすほどにしりとおしたらばこそ、よきをしりたるにてもあらめ、如来《にょらい》のあしとおぼしめすほどにしりとおしたらばこそ、あしさをしりたるにてもあらめど、煩悩具足《ぼんのうぐそく》の凡夫《ぼんぶ》、火宅無常《かたくむじょう》の世界《せかい》は、よろずのこと、みなもって、そらごとたわこと（戯言）、まことあることなきに、ただ念《ねん》仏《ぶつ》のみぞまことにておわします」とこそおおせはそうらいしか。

（聖典第二版七八四頁）

「善悪のふたつ総じてもって存知せざるなり」と、こう親鸞聖人は言い切っておられる。そしてその善悪は、「如来の御こころによしとおぼしめすほどにしりとおしたらばこそ」と、おっしゃっています。それは、われわれには知り通せない。今、この時点で善であったことが、次の時においては、必ずしも善とは言えなくなっているということがある。動機は良かったのだけれども結果が悪いということもいくらでもある。逆に動機が悪だったんだけれど結果が良いという場合もあるでしょうね。それが少しも私どもは知り通せない、ということがそこにおさえられています。

知り通せないのに自分の今の立場から、これは善だ、これは悪だとレッテルを貼って決めつけて分けてしまう時、それは、ただ頭で生きていく、そういう愚かさに陥ってゆくわけです。善も悪も、すべてのものとの関わりの中でしか見極めるということはできないんだということですね。

最後に緒方正人《おがたまさと》という方の言葉です。この方は、いわゆる水俣病の被害者で、お父さんが水俣病で亡くなり、ご自身も病気にかかられ、子供たちにもあらわれているという方です。そして、最初は水俣病の患者の人々の先頭に立って、国にこれは公害病だということを認定させ、そして保護を求める、そういう運動をがんばられていました。だけどある時点から、それこそ思い詰め、思い詰めして一人そこから離脱され、そして原因となったチッソの工場の前に座り込みます。それも決して攻撃とか批判という運動ではなくて、深い悲しみの訴えを、ずっと続けられた人です。

その緒方さんの文章の中に、この善と悪ということをおっしゃっています。

「水俣には悪魔が降り立ったんだ」と言う人がいるけど、この悪魔ということばをどういう意味で言っているのか――正義や善の反対という意味で言われていはしないか――それが問題です。最近、「水俣に起こった災いはどこからきたんでしょうか」と人にきかれたことがあって、答えにつまった俺はとっさに「仏さんの背中からかもしれんな」と言ってしまったんだけど、思えば確かに、善と悪というのは所詮表と裏の一体のものなんじゃないかな。近親憎悪というのも、憎しみと愛は別のものじゃなく、一体のものだということでしょ。それが時に表が出たり、裏が出たりするというだけのこと。それも、平面の表裏ではなく、輪として考えるべきでしょうね。南極の裏は北極だけど、南極からまっすぐ歩いて行けば、北極を通ってまた南極に辿り着くでしょ。こんなふうにすべてはつながっている。一体の中にあるんです。こう考えると、人間をとり巻く「然」という構造が理解できるという気がする。

（『常世の舟を漕ぎて』「神の降り立つところ」世織書房）

この「然」というのは人間にとってもっとも自然な在り方と、人間としての必然。自然も必然も「然」という字を書くわけですが、その「然」という言葉に何か善悪すべてを包み込み、すべてのものとの関わりの中にお互いが存在していること、その全体の在り様というものをおさえる。そういう一つの手がかりのようなものがあるのではないかと、そのことを「然」という言葉でおっしゃっているのです。そして、

昔はこういう「然」のつながり、あるいはお釈迦様の手のひらが、人々には見えていたと思う。（同前）

と、この善悪を立てて、争い合い、互いに愛し合ったり、憎んだりいろいろの営みをしている、その全体が支えられている。争い合いながら、しかも共に生きているという、そういう生活を支え開かせてくださっていた。それこそあのお釈迦様と孫悟空の物語であったと。お釈迦様の手を少しも出ていない、あのように全体を支えてくださっている。そういうものが人々には見えていたと思う、と。

それは普段の暮らしの中に、そして狸や狐やエビスさん、祭り、年寄りの一喝といったものの中に見えていたんじゃないかな。もちろん、みんなが同じようにということではなかったでしょう。シャーマンのように感受性の強いのも弱いのもいるんだから。けれども全体としては世界を包み込んでいるものを感じていた。（同前）

それを私たちはもう感じなくなって、そしてお互いに善だ悪だと言い合って、絶対的な

ものだと固執し主張し合う。そこでは、人間としての自然な在り方も、人間としての必然の在り方も、どこかに忘れて、それこそ思いのままに、思いのところで生きていくという在り方ですね。そういうものに、いつの間にか私たちは陥ってしまっていると。そういうことを告発と言いますか、常にそのことに気がついて欲しいという話をなさっているのです。だから私にとっては把握ということが一番大事な今の問題なんだと。そういう全体の関わりを受け止め、把握する。自分の営みの全体を把握する。その把握するということ、自分と自分を取り巻く世界との関係性の把握ということをおっしゃっているわけです。

そしてそういうすべてを受け止め、すべてをそこに成り立たせていってくださる、そういう世界をここに尋ねようと。そこに、水俣病という本当に具体的な問題の只中を生きておられる緒方さんが、善と悪は裏表一体のものということをおっしゃっています。

私どもは何か善悪を決めないと落ち着かないというようなところがあります。しかし落ち着いた時は、いのちの事実から離れていく時、全体の関わりを切り捨てていく時です。善人がどうで、悪人こそがと、そういうことを主張するために第三章が書かれているのではありません。どこまでも、どうか善人悪人共に、その善人の意識、悪人の悲しみ、そういうものをとおして本願他力の意趣に帰って欲しいと、そのことをこそ実は第三章というものが説いておられるわけです。

第十三章に、「宿業」「宿善」という言葉が出てきます。宿業という言葉は真宗にとって大事な言葉として掲げられますが、しかし実は親鸞聖人のお書きになったものには一度も宿業という言葉は出てきません。ただ一つ、第十三章に、「故聖人《こしょうにん》（親鸞）のおおせには、「卯毛羊毛《うもうようもう》のさきにいるちりばかりもつくるつみの、宿業《しゅくごう》にあらずということなしとしるべし」」（聖典第二版七七五頁）と、親鸞聖人のお言葉として「宿業」という言葉があげられていますが、この一箇所でしょう。しかしこの「宿業」と、それから「宿縁」、「業縁」、「悪業」と、第十三章を貫いてそういう言葉があげられています。

その宿業という問題も重ねて考えられることは、善悪ということはわれわれの頭の理知で、色分けされるものではない。そうではなくて善悪共に、それぞれのいのちの悲しみ、まさにその宿業の悲しみがあるであろうと、そのことをとおして私どもが本願の意趣に呼び帰されていく。その本願の意趣に呼び帰されるということがなかったなら、善人も悪人もそれは共に、実は自力を立てる在り方でしかない。こういうことが、この第三章におさえられてくるのであろうと思うわけです。

三　浄土のはたらき

――歎異抄 第四章――

歎異抄 第四章

一　慈悲《じひ》に聖道《しょうどう》・浄土《じょうど》のかわりめあり。聖道《しょうどう》の慈悲《じひ》というは、ものをあわれみ、かなしみ、はぐくむなり。しかれども、おもうがごとくたすけとぐること、きわめてありがたし。浄土《じょうど》の慈悲《じひ》というは、念仏《ねんぶつ》して、いそぎ仏《ぶつ》になりて、大慈大悲心《だいじだいひしん》をもって、おもうがごとく衆生《しゅじょう》を利益《りやく》するをいうべきなり。今生《こんじょう》に、いかに、いとおし不便《ふびん》とおもうとも、存知《ぞんじ》のごとくたすけがたければ、この慈悲始終《じひしじゅう》なし。しかれば、念仏《ねんぶつ》もうすのみぞ、すえとおりたる大慈悲心《だいじひしん》にてそうろうべきと云々《うんぬん》

（聖典第二版七六九頁）

身に響く言葉

今回は第四章のお言葉をとおしてお話をさせていただこうと思いますが、今日強く感じていることは、言葉が文字になってしまったということです。もっぱら自分の思いを他に伝える、他の思いを読む、それがお互いの口から出る言葉ではなくて、画面に映る文字で伝えたり、受け取ったりということがされています。

言葉というものは本来、お互いに顔を向け合い、目を見つめ合い、そしてその口から出る言葉の響きというものを感じ取るわけです。ところが文字だけになってしまいますと、それこそ「馬鹿」という言葉は、「馬鹿」という軽蔑の文字でしかない。軽蔑の意味しか伝えない。直接、顔を見て口からの声として聞く時、そこには言葉の響きによっては、「馬鹿」という言葉で愛情を伝えるということもあるわけです。だけどそういうものは、文字の世界では伝えることが非常に困難です。そうしますと、文字を受け取る時はもっぱら自分の思いで受け取るというだけになりますから、受け止め方によって感情が偏《かたよ》っていくということが考えられるわけです。

教育というものは素読ということから始まった。意味理解より先に言葉の響きに身をひたす。繰り返し繰り返し、『論語』なら『論語』の言葉を素読してきた。声に出していく。

その中で、言葉が私の中に染み込んでくるということがある。それに対して、言葉を文字で読んで、自分の思いで受け取るという、そこには大きな異なりが現れてきていると思います。学校で会う友達とも、もっぱらメールとかインターネットのチャットでわざわざ表現する。子供たちに、学校で思っていることをどうして言わないんだと聞くと、直接言うのはしんどいというわけです。直接言った時に相手の感情があらわになる。それを感じ取るのがしんどいと言う。メールにしてもチャットにしても、しんどくなればいつでも切れるわけですから、切ってしまう。そういうこともあるようです。

これは、吉野秀雄《よしのひでお》という方の歌ですが、

在りし日の　母が勤行《つとめ》も　正信偈　わが耳底に　一生《ひとよ》ひびかむ

何か念仏の心というものが、どういう響きとなって人々の生活の一番の根っこのところにはたらきかけ、受け継がれていったかということが伝わってくるような歌です。私どもはどうしても頭で生きています。そのことの問題です。

次に、祖父江文宏《そぶえふみひろ》さんの『悲しみに身を添わせて』という書物の言葉をご紹介します。この本を読ませていただきまして、大事なことが語られてあるということを思いました。祖父江さんはいろんな事情で保護者のない子供たち、あるいは虐待されていた子供たちを預かって生活する、暁学園という施設を主宰しておられた方ですが、引用させていただきましたのは、名古屋の同朋《どうほう》大学に新しく入ってこられた学生にお話しされた講演録です。お話しになった時は、お亡くなりになる二月前になるのでしょうか、間質性肺炎《かんしつせいはいえん》という、肺の細胞がどんどん死んでいく病気だそうで、はっきりと自分の死というものを宣告され、お話の中でご自身の死を三カ月はもたないと言われていると触れています。そういう中で、新しく大学に入ってこられた若い人に、深い祈りをもって語られている文章でして、ぜひ読んでもらえればと思っています。

虐待の後ろには、必ず理知があります。人間であるからやるんです。このことをどうか皆さんは覚えておいて欲しいと思うのです。人間性を失うから暴力化するんじゃないのです。人間というものをいのちから離れて、理知で生きようとするときに生まれるんです。

（『悲しみに身を添わせて』「生きる」東本願寺出版）

人間がいのちから離れて理知で生きようとする時、暴力というものが起こってくる。暴力は理知の果ての行為だからです、とおっしゃっています。人間というものは、いのちから離れて理知で生きようとする。そのことがもたらしてくるいろんな問題が、今日、一挙にと言いますか、あちらにもこちらにもという感じで噴出してきていることを思うわけです。

どこであったか、高史明さんが、自殺しようと思いつめている少女に、頭だけで考えずに足の裏に聞けとおっしゃった。あの問題ともつながるのではないかと思いますが、いのちを理知だけで生きるというのは、逆立ちして大地に頭で立っているようなものだ、人間は大地に足で立っているということを忘れてしまっている。もっぱら理知が私だという思い込み、仏教で言えば顚倒《てんどう》しているという問題が、世界的にいろんな面で現れていると思います。人間というものがいよいよどうなっていくのか、人間が中心になって主人公のようにふるまっているこの地球がどうなっていくのか。そういうことがあらためて問われるわけです。

慈悲の心

実はこの第四章の「慈悲に聖道・浄土のかわりめあり」ということも、そういう問題をはらんでいるのです。何か慈悲というものに、聖道的な慈悲というものと、浄土的な慈悲の姿と二つあって、そして、聖道の慈悲の方を捨てて、浄土の慈悲の方をと、そういうことを問題にしているわけではないのです。この慈悲ということは、結局は人と人とがどこで一つに出会えるのか。人と人とが本当に人間としていのちの根っこで出会う。共にいのちの根っこにお互いが呼び帰されながら、そこから確かな歩みを歩み出していく。そういう問題が慈悲の問題です。決して強い者が、弱い者にどう愛情を向けていくかということではないわけです。

まず慈悲ということは、文字の上からすると、「慈」という言葉と「悲」という言葉に分けられるわけですが、孟子《もうし》（中国、戦国時代）に「敬老慈幼（老いを敬い、幼きを慈《いつく》しむ）」という言葉があります。だいたい、「慈」という言葉は自分より幼い者、自分より弱い者を慈しみ育てるという意味を持っているわけです。ですから、上から下へという方向を持ちますし、その心は世間的に広げて言えば、いろいろと気の毒な人に対する同情という姿をとることもあります。それに対して、「悲」という言葉は文字どおり悲しむということですけども、この「悲」という字は、鳥の羽を左右両方に引き裂いていくという形をとっています。その形に心という字がつけられて、辞書的には、心が調和統一を失って、裂けること。それから、胸が裂けるような切ない感じのこと。こういう定義がされています。そういう意味で「悲」の方は、その人の存在に心が引き裂かれる。だから、その人が救われない限り、自分も救われない。自分の心も回復しない。そういういのちの深いつながりというものがそこにはあります。

ですから上から下へではなくて、もっと、一つにつながった在り方が「悲」という言葉にはおさえられているのです。その意味で、切り離して言うわけではありませんが、この慈悲の心を一言でおさえる時には、「大悲」という言葉の方が用いられます。大慈と表すことはあまりありません。同じ慈悲の心ですから、大慈としてもよさそうですけれど、やはり、慈悲の心を一つの言葉で表す時には、「大悲」という方が常に用いられます。元の言葉は呻《うめ》きということです。「大悲」の悲は呻きということを表す文字でできています。

また仏教一般においては、慈悲の「慈」の方は、楽を与える。「悲」の方は苦しみを抜く。「抜苦与楽《ばっくよらく》」ということで慈悲のはたらきが表されます。

ただ、曇鸞大師はこの言葉をひっくり返しておられます。『浄土論註』という書物で、曇鸞大師が慈悲というものを取り上げられて、「苦《く》を抜《ぬ》くを「慈《じ》」と曰《い》う。楽《らく》を与《あた》うるを「悲《ひ》」と曰《い》う」（聖典第二版三三六頁）と、こういう普通の言い方の逆でおさえて使われていました。これは注意されることです。人間というのは、苦しみのさなかにある時は、何とかしてその苦しみを取り除いて欲しいという思いが切迫するわけですけれども、しかし、苦しみをとってもらえれば人間として活き活きと生きていけるかと言うと、そうではないわけです。苦しみは一切なくなったとなると、それこそ生きている楽しみは何もないというこ とになるのではないでしょうか。毎日が空しいという時には、「抜苦」ということだけでは、それは私をあらためて、生きさせていく力にはなってこない。人間は生きる喜びを求める存在です。いわゆる生きがいを求める存在です。たとえ、苦しみが押し寄せてこようと、生きがいが与えられていくならば、人間はその事実を受け止めて生きていける。けれども、何の楽しみも与えられない、苦しみのない状態というのは、退屈と言いますか、空しいだけの日々に終わる。ですから、人間は生きる喜びを求めているのであって、決して抜苦だけを求めているのではないのです。

「大悲」ということは、存在を深く受け止めていく心であるとすると、それは、その人にどういう生きていく勇気、生きていく喜びを与え得るのか。その「大悲」の問題は「与楽」の問題です。そういうことを曇鸞大師はおさえているのではないかと、一つ思います。

聖道・浄土のかわりめ

この第四章の言葉を見ると、慈悲には、周りの人々に慈悲の心を及ぼしていく、そういうふうにはたらきかけていく形の聖道の在り方と、浄土の在り方の二つがある。それで聖道の在り方は結局はすえとおらない。だから私たちはこれを捨てて、もっぱら浄土の慈悲のはたらきかけ、言うならば浄土的なはたらきを生きるんだと、そういうように読めてしまいます。

聖道・浄土というのを見据えていかれたのは道綽禅師《どうしゃくぜんじ》（五六二～六四五）という方ですが、仏道というものに、聖道・浄土の門があると、それを明らかに見分けていかれたわけです。この場合も片方に聖道があり、もう片方に浄土の門があると。そのうちの聖道門の方は捨てて、浄土門の方を歩むんだと、ともすればそういうふうに思ってしまいます。対象的に前に置いて考えてしまいます。そういうことだとしますと、仏道は半分になってしまうわけです。聖道門はだめなんだと半分は捨ててしまう。聖道門は捨てて、もっぱら浄土門だと。決してそういうことではないわけです。道綽禅師がなさったことも仏道を半分にして、そして、私はこっちの方に行きますということではありません。

今この第四章の場合も聖道・浄土のはたらき方があって、聖道の慈悲としての慈悲を捨てて、浄土の慈悲のはたらきかけを生きる、そういうことでは決してないわけです。おおよそ、人間が一つの思いを起こし、そして、何とか周りの人のためにはたらきかけをする時は、聖道的な在り方をとるわけです。聖道的なはたらきかけというのは、自分で心を起こし、自分の力を尽くし、その思いを成就していく、そういうわがはからいによって、わが力を尽くしてという在り方に当然なるわけです。あの人を何とかしてあげたい、という思いで立ち上がります時には、やはり力の限りを尽くして、その人に少しでも寄り添ってという思いを持つわけでしょう。しかし、そのわがはからい、自分の思いをもって、自分の力を尽くしてという、そのことがここ第四章では、「ものをあわれみ、かなしみ、はぐくむ」という言葉でおさえられていますけれども、「しかれども、おもうがごとくたすけとぐること、きわめてありがたし」と、わが思いのごとくにその人をたすけるなどというのは起こり得ない。起こり得ないというよりも、思いが果たせないということだけではなくて、逆の世界を引き起こしてしまうわけです。

一方は与える側、一方はただ与えられる側、そういう思いもよらぬ壁ができてしまう。それは、自分の思いをもって、気の毒に思って何とかしてあげるという、同情という形を出ない。人に対する同情が、その人の人格を奪い取るということがあるのです。

「水平社宣言」（一九二二年、全国水平社創立大会での宣言）の中で、「人間を勦《いたわ》るかの如き運動は」と、「いたわる」という言葉を「勦」という字で表されています。この「勦」という字は、確かに古い辞書の中では「いたわる」という読みはありますが、現在出ていまず辞書ではそういう読みは出ていません。文字の持っている意味は、かすめとるとか、盗みとる、殺す。おおよそいたわるという意味とは遠ざかるものです。「水平社宣言」ではその文字があえて使われている。人間のいたわりはどういうものであるかを知ったわれわれはと、そういう文脈で語られています。結局、人間のいたわりは人を殺す。もちろん暴力的に殺すわけではない。人格的に殺してしまう。同情するという形で人格的に人を殺してしまうということを、解放運動の中で思い知ったわれわれはと、おっしゃるわけです。そういう私どもの、同情というものの持っている、意識を超えた思い上がりです。

私どもの慈悲、それは私の思いに立つ限り、どこかにやはり、気の毒に思い、同情するという心が必ずはたらいてくる。結局自分のその人に対しての思いが、同情というものを超えずにいる。いろんな形をとっても、よくよく振り返ってみれば同情的な関わり方になってしまっているわけですね。

そのことへの深い悲しみに目覚めると言いますか、心がとらわれる時、そこに開かれてくるものを「浄土の慈悲」と言うわけです。ですから、「かわりめ」です。「聖道・浄土のかわりめあり」とは、慈悲に聖道・浄土の二つがあるのではないのです。慈悲の歩みが、慈悲の心に生きるという歩みが聖道的な歩みから浄土的な歩みへとかわる時がある。「かわりめ」というのは、そういう「時」というものを表し、今一つは「場」というものを意味しています。自ずと聖道的な在り方から浄土的な在り方に呼び帰されていくような歩みです。

それはどういうことを表しているかと言うと、頭で考え、頭で生きてきたそういう歩みが、それこそ行きづまって、いのちの事実に呼び帰される。聖道から浄土へのかわりめは、頭からいのちへというかわりめです。同情はどこまでも頭、思いです。思いのところで気の毒にと思い、何かできないかと思い、それなりに一生懸命尽くすわけですけど、結局それが壁を作るばかりで、本当にいのちが触れ合うということが成り立たない。その私たちの在り方が、いのちの事実に呼び帰され、いのちの事実において出会う。そういう在り方にかわる時がある、そういう場を持つことがあるという、その意味での「かわりめあり」という言葉なのです。

そのようにいのちの事実に帰るということから申しますと、慈悲というのは、いのちの事実に生きるということのほかにないわけです。私どものいのちの事実に生きる。私たちはいのちの事実を忘れて、お互いにわがいのちと思い、わがいのちという思いに立って生きてきた。そこでのいろんな私どもの行いというものが結局は、一生懸命、人のために尽くしているんだけれども、尽くすとしても、そのことがまた新たな壁になって出会いということを失っていくわけですね。そういう悲しみということがここではおさえられているかと思います。

私どもは、一番基本的にと言いますか、無意識のうちにもまず私があって、そして、その私は周りとどうつながっていけばいいか。そういう発想、考えが抜け切れないわけです。それに対して、実はそうではないと、いのちに呼び帰されるということの一つは、〝まず私があって〟ということではないんだと。いのちのつながりとして賜っているんだということですね。そのつながりを私として生きる、その他に私のいのちはないんだということです。

以前に触れました「宿業」という言葉は、まったく使われない国、そんなものは言葉として概念にない国もありますけれども、デンマークのキリスト教徒で、有名な哲学者であるキルケゴールの『死にいたる病』という書物の有名な言葉があります。翻訳により言葉遣いが違いますが、「自己とは関係であり、関係に関係する関係である」と、こういう言葉があります。これはある意味で宿業観ということを別な面から言い表していると言ってもいいのでしょう。自己と言っているものは何か私の中に自己というものがあって、そしてその自己がいろんな周りの人と関係していると、そういうことではない。その関係、私のいのちが持っている関係、そしてその関係を生きているその事実の中に私というものがあるのであって、それはもう一つ細かに言えば、私のいのちが持っている関わりにどのように関わっているか。その関わりの在り方の中に、自分というものがあると。関係を全部私の外のこととして断ち切ってしまったら、私という存在はまったくないようなものであり、どこにもないのです。

同じ問題なのですが、祖父江文宏さんの文章の言葉です。

そのとき、僕は一つのことを思いました。それはこれまで私は生きてきた。その生きてきた証《あかし》というのは何処にあるんだろうかと思いました。そして、私は自分の六十二年間の人生を一つ一つ記憶をもとに、生きてきた道をもう一度確証してみよう、もう一度調べてみよう、あるいはもう一度手にとってみようと思いました。そのとき、基本に思っていたことは、私という人間はどう生きてきたんだろうかということでした。その私というのは何だったんだろうかということです。

初めは、私と切り離されて私という一つがあると、自己と他の一切の関係から断ち切って、己としての私というものを一生懸命に探そうとしました。しかし、どうもそれは違っていました。私が私という手ごたえのあるものとして受け取ったものは、様々なエピソードです。それは、ちょうど六十二年ですから、遥か昔からです。セピア色に変わった写真といったらいいですか。その一枚一枚の写真の記憶というものがあります。それは、単純に私が生きてきた時代の時計の進行の方向に並んでいるんではなく、思い出すときには、悲しかったこと、あるいは嬉しかったこと、あるいは腹が立ったことというように、それぞれの感情で束ねられていたということです。だから、生きてきたという人生を、時計の進行時間の中で生きてきた人生というものを考えるのが当たり前だと思っていたことが、どうもこれは違っていたということがまず一つ気づいたことです。

それからもう一つ、すべてを切り離して己だとか私だとかして、自分を捉えようとしていたことも違っていた。エピソードとして浮かび上がってくる写真は、すべて感情で束ねられたものである。そして、その感情は必ず誰かと一緒だったんです。ですから、一人の写真は何処を見てもないんです。ということは、私はひょっとすると他の人、あるいは人というよりはもっと大きな、それが飼っていた犬であったり、あるいは感動を受けた花であったり、山であったり、風景であったり、そういう様々なもの、つまりそれを大きくいのちというような言い方をしたら、私はそのいのちの関わりの中の私でしかなかったということを思い知らされました。

どこをとっても、切り離した己というものはなかったのです。どの写真を見ても、私は私一人ではなかった。そして、いま、一週間前の検診では明らかに病状は進んでいるといいますから、残った一五%もやがて、まさに死んでいくということでしょう。もう時間を追ってはっきりとそれが見えています。そういう中で私はいま、こうしてここに来てあなた一人に出会うということができました。これは私にとっては、あなたに出会うことによって祖父江という人間がここに生きているという証が得られるということであります。私が私であるという確証は、あなたに出会ったということだろうといまは言えるように思います。一人で生きるということはないのです。人はいつもいのちとの関わりの中で私であるのです。そのことをつくづくといま思います。

（『悲しみに身を添わせて』「生きる」東本願寺出版）

こういうことをおっしゃっておられます。「一人の写真は何処を見てもない」と、写真そのものの画面で言えば、一人で立っている、一人写しの写真はあるでしょう。しかし、必ずそれを見れば、この時は誰々が写真を撮ってくれたのであり、その時周りには誰々がいてどういう気持ちを与えてくれたのか、それこそ感情で束ねられているとあります。写真の画面で言えば一人ぼっちということもあるでしょうけど、そこには必ず撮っていてくれている人、周りで見守っていてくれる人、その時自分が感じたであろう、照れくささや、嬉しさや、そういうものが写真を見れば思い出されてくる。それは決して一人ではなかったということでしょう。まさに、「人はいつもいのちとの関わりの中で私である」ということですね。

それを私ども現代人は本当に忘れてしまっていると言いますか、まず私があって私の思いを大事に生きることが自分を大事に生きることだと、そういう生き方が身についてしまって、疑問にも思えないほどになってしまっている。しかし、まず私があってというところから出発する時、それは必ず、祖父江さんは暴力という問題に行き当たると。暴力といってもいわゆる物を振り回したりということではなく、周りの人を無視したり、排除したり、非難したり、そういう意味の暴力です。人格を無視していく暴力です。そういうものに必ず陥っていく。

そういうことはまさに自分の思いを私自身として一生懸命生きているその社会が、いよいよバラバラになってきている。そういうようなことにも現れていることでしょう。個人がそれぞれ一つのいのちを生きているというような思いでは、そういう出会いは決して育まれてこないということが、ここにはおさえられるかと思います。

「命」の八訓

「生生生生暗生始、死死死死冥死終（生まれ生まれ生まれ生まれて生の始めに暗く、死に死に死に死んで死の終わりに冥し）」（『秘蔵宝鑰《ひぞうほうやく》』）。これは弘法大師・空海の言葉です。生の始めを知らず、死の終わりを知らない。私どもの思いをもって捉えられるようなものではない。私の思いを超えたそういういのちを今、身に受けているんだということですね。そういういのちの尊さというのは、いのちの限りない歴史を持ち、その歴史はただ単につながって終わることなく、だらだら続いてきたということではない。そのいのちは生きようとするいのちを生み出してきたんだと。願いをもって伝えられてきたんだと。

この「いのち」、「帰命」の「命」という字につきまして、親鸞聖人は八つの言葉を重ねて述べておられます。これは「命」の八訓と呼ばれています。

「命《みょう》」の言《ごん》は　業《ごう》なり。招《まね》き引《ひ》くなり。使《し》なり。教《きょう》なり。道《どう》なり。信《しん》なり。計《はからう》なり。

召《めす》なり。（『教行信証』行巻・聖典第二版一九四頁）

まず「命」とは、「業なり。招き引くなり」。つまりこれが歴史です。「業」、つまり私の思いを超えたいのちの歴史を身に受けている。思いをもって作ったいのちではありませんから、私の思いどおりにはならない重さを持っている。ですから業の重さということを申しますが、思いを超えた、重さを持ったいのちです。そしてそれは私の生涯、歩みをとおして一つの願いとなって、未来を次の世を開いていく。そして「招き引く」、限りない過去からの営みの歴史をこの身に受け、そしてその身を尽くして生きていくことが、そのまま いのちの未来を開いていくことになっていく。決して私のいのちというものがポツンとあるのではないということがこういう言葉であげられています。

そしてさらに、「使なり。教なり」と。これはどちらも「せしめる（使役）」という意味です。つまり私のいのちですけども、私の気分のままではすまないものを持っている。個人的に言えば、自分の気ままに生きられればそれでいいというようなものです。だけど不思議なことに、いのちは気分のままにのんびり生きているという時には、生きている意味を見失うということがあります。人間は安楽を求めているのですが、ただ何の苦しみもない、煩《わずら》いもない、それだけではすまないものをいのちとして受けている。そのいのちが私の思いを促してくるんですね。それこそ、本日は遠方からお出でいただいている方もおられるそうですけども、そういう私をここへ歩ませてきた力がいのちに賜ってあるのです。何か私を促してやまないものがある。ですから、いのちというものは促しというものを持っている。私を促してやまないものがある。しかし、促しているものが何なのかわからない。何か空しいと感じ、不安を感ずる。この生き方、在り方は本当じゃないと、私を促し続けている。そういうはたらきを持ったものが「いのち」なのです。

そしてその次には、「道なり。信なり」と。いのちは「道」だと。そういうことをおっしゃったのは、信國淳《のぶくにあつし》先生の「われらみな安んじて命に立たん　命すなわち道なればなり」という言葉です。いのちは決して個々バラバラにあるものではない。つまり、私たちは問題を外に追いかけて活動するということを思うわけですけれども、そうではない、わが身のいのちを本当に生きてみろということです。賜っているこのいのちの事実を本当に生きるなら、いのちの在り様はそれぞれ違うけども、しかし、いのちの事実は皆通ずるんだと。何かの役に立っていのちに価値ができるのではない。その意味が完成するのではない。もしそうなら、寝たきりの人はいのちの尊さを失ってしまうことになるわけです。寝たきりであろうとも、寝たきりのそのいのち、その姿が響いてくるということがある。語り続けてくるということがある。

すなわち私たちは、何か人の人生、人の体験に触れる時に、その人の事実に「ああそうだ」と頷くということが起こってくるわけです。それはその人の体験だけれども、私とは無関係ということではない、そこにいのちが尽くされる。つまり、人間としての事実が尽くされているならば、そのことは必ず響いてくる。そこに必ず頷き合うという世界があるのです。

安田理深先生はいつも人間が、「ああそうであったかと膝を打つという、それほど不思議なことはない」とおっしゃっていました。人の事実に、人の言葉や、人の生き方、その人の生きている姿に「ああそうであったか」と膝を打つ、それほどの不思議はないと。まさにこのことです。「信」は音信《おんしん》、おとずれると言われています。いのちは互いにおとずれている。一人の人間が一人の人間としての事実を尽くして生きておられる時、その事実は決して私の事実と違《たが》わない。私も大きく頷かされる。その頷かされる力と言いますか、頷くという心を賜っているのがいのちという営みですね。

そして最後に、「計なり。召なり」と。「計」は計策と言われます。それから、「召」は招引。つまり言うならば、呼びかけているということです。私どものいのちは常に呼びかけを受けている。本願によって呼びかけれ、本願に生きた人々の歴史から呼びかけられている。呼びかけを受けて今生きている。そういういのちというものを八つの言葉で親鸞聖人はおさえておられる。決していのちは単に遺伝子がこういうようにからみあって、というものではないのです。そういうことでは決して共に自らを尊び人のいのちを尊ぶということは生まれてこないわけです。

慈悲ということは、そういうすべての人において等しく、そこにおいて頷き合えるいのちの大地に呼び帰され、そこに立つということ、そこに生きるということが実は「浄土の慈悲」なのです。浄土とはいのちが呼びかけ合い、頷き合う世界です。安田先生は「浄土とは苦しみを共にし、悲しみを共にする世界として開かれている」ということをおっしゃっていました。そういう苦しみや悲しみ、あるいは、喜びを共にしていける世界、そういう世界を「浄土」という名で顕らかにされ、伝えられているわけです。「浄土の慈悲」とはそういう頷き合いのところで、一人ひとりに生きられていく心であると。

そこに、聖道の慈悲から浄土の慈悲への「かわりめ」があるのです。そのことを祖父江さんは、「祈りとは、力及びがたき自分の発見です」（『悲しみに身を添わせて』「私的「真宗」」）とおっしゃられた。慈悲のはたらきを及ぼし得る、及ぼしていく。これだけの慈悲を尽くしていくということよりも、実は自らの力及ばざることを本当に自覚せしめられ、その自覚においていのちの事実に呼び帰される。思いの行きづまりにおいていのちの事実に呼び帰される。その歩みだけが大きな世界を開いていく。世界を開くということは、そこで人が出会っていける。そういう出会いを共にする世界を開いていけるんだと。そういう「かわりめ」という言葉が第四章の要の言葉だろうと思うわけです。

「かわりめあり」ということについて、先生方の中では、聖道の慈悲と浄土の慈悲の「違いがある」という言い方でお話しくださっている方もいます。けれども、私はそういうことではどうも第四章は読めません。そうではなくて「かわりめ」とは、かわる時、かわる場。時の成就、場のはたらき、そういうものにおいて浄土のはたらきというものが私の上に、私をとおしてはたらいていく。そういうことが教えられてくるように思います。

今日、本当にいろんな問題が絶えないわけです。それだけに、思いによって生きる世界から、いのちの事実に呼び帰され、促されて生きていく、そういう世界へと、私どもが今「かわりめ」を持たないならば、それこそ続いてきたいのちの歴史を断ち切ることになってしまうのではないかという思いもするのです。

第三章

人の世にいのちの温もりあれ

一　念仏の開く世界
──歎異抄 第五章──

歎異抄 第五章

一　親鸞《しんらん》は父母《ぶも》の孝養《きょうよう》のためとて、一返《いっぺん》にても念仏《ねんぶつ》もうしたること、いまだそうらわず。そのゆえは、一切《いっさい》の有情《うじょう》は、みなもって世々生々《せせしょうじょう》の父母《ぶも》兄弟《きょうだい》なり。いずれもいずれも、この順次生《じゅんじしょう》に仏《ぶつ》になりて、たすけそうろうべきなり。わがちからにてはげむ善《ぜん》にてもそうらわばこそ、念仏《ねんぶつ》を回向《えこう》して、父母《ぶも》をもたすけそうらわめ。ただ自力《じりき》をすてて、いそぎ浄土《じょうど》のさとりをひらきなば、六道四生《ろくどうししょう》のあいだ、いずれの業苦《ごうく》にしずめりとも、神通方便《じんずうほうべん》をもって、まず有縁《うえん》を度《ど》すべきなりと云々《うんぬん》

（聖典第二版七六九～七七〇頁）

日本人の宗教心

この第五章は「父母の孝養のために念仏申したことは、いまだかつて一度もない」という親鸞聖人の言葉から始められています。特に日本人として先祖供養、亡き父母への供養ということは、私どもの日常の上に保たれている一番具体的な宗教心と言っていいかとも思います。しかし、この文章を見ますと、親鸞聖人はそれを頭から否定しておられます。『歎異抄』の一章ごとに重い問題が突きつけられていますけれども、特にこの第五章は私たちの関心を引く文章ではないかと思います。

日本人にとっての「宗教心」ということを考えていくうえで、ある新聞社が「あなたにとって一番大切なものは何ですか」という問いをされたようです。それに対して出された答えの第一位になったのが、「健康」であったそうです。自分が生きていくうえで、自分が健康な身体でおれるということが一番大事なことであり、一番願われることだと。それから二番目が「家族」。家庭の安らぎというのでしょうか、そういうことが願われている。それから三番目が「お金」だそうです。生活していくうえでやはり経済ということですね。

ただそのアンケートをとられた記者が同時に外国の人にも同じ問いをした。そうしたら一位も二位も宗教に関わる答えなのです。一位が「宗教」、それから二位が「信仰」、次いで三番目にあげられていたのは、「友人」ということであったと、こういうことがその方の話の中で取り上げられていました。そしてその場合、三位の友人ということも考えさせられたと、その記者はおっしゃっていました。つまり健康とか家庭とかお金とかいう場合、これは「自分の」ということです。だいたい、人の健康とか人のお金を心配する人はあまりいないでしょう。自分の健康であり、家庭であり、お金です。その自分のということを三つとも出ていない。それに対して友人という時は、他の存在とのつながりを大事にする、そういう心が感じられて考えさせられたということをおっしゃっていました。

日本人の場合、もちろん宗教という返事をなさった方もいたわけですけれども、多くの方が宗教とはまったく関係なしに、健康とか家庭とかお金という答えになっているわけです。宗教という言葉がなぜ出てこないのだろうということですね。そこには何か日常生活の中で受け止めている宗教という問題も、自分にとって大事なものを守ってもらうための宗教、という意識が強いのではないかと思います。自分の健康を守るためにいろいろとお札を受けたり、お祈りをしたり、そういう宗教の姿というものは、その宗教心そのものが生きていくうえでの力というのではなく、自分が生きていくうえで守っていただく道として、宗教ということが受け止められているのではないか。

そこに、一番大事なものというところにまったく宗教という言葉が出てこない意味があるのではないかと思います。健康ということであれば無病息災ということです。家庭で言えば家内安全、そしてお金ということになれば商売繁盛、大漁、あるいは豊作、いろいろと考えられるわけです。そういう宗教心。そのことが『歎異抄』第五章でも、「父母の孝養のため」にという、やはり何々のための信仰、何々のための宗教心です。その意味では、「父母孝養のために念仏を申す」ということであれば、実は自分の健康を守ってもらうための信仰という意味と、その在り方の本質は変わらないことになります。信仰そのものが生きていくいのち、生きていく力として限りない力をそこに感じ取っていくということにならずに、何々のために力を発揮して欲しい、そう願うということになってしまうわけです。

一粒の涙を抱きて

父母の「孝養」とありますが、この言葉は孝養《きょうよう》と孝養《こうよう》で読み方によって意味が変わってくるわけです。孝養《こうよう》と読みますと、生きている親に対する孝行ということですが、孝養《きょうよう》と読みます時は、亡き父母へのいわゆる供養をすることを意味します。この第五章の場合、「父母の孝養のためとて」とありますので、亡き父母への追善供養という意味でおさえられているわけです。そしてここでは父母とありますが、亡き人への思いということです。自分にとって大事な人が亡くなった、その死を悲しみ、亡くなった人を偲《しの》ぶ。これは人間にとって非常に大事な心でありますし、基本的な感情でもあろうかと思います。

この「父母の孝養のためとて、一返にても念仏もうしたること、いまだそうらわず」という言葉を、全身をもって問い続けられた方として高史明先生がおられます。その高さんの『一粒の涙を抱きて』という、だいぶ以前に書かれたもので、ご子息を亡くされた悲しみの生々しい文章があります。その一部を読ませていただきます。

わたしが、『歎異抄』の第五章の教えに全身をつかまれたのは、まだやっと十二歳でしかなかったひとり子に自殺されてからのことであった。子どもが、自殺した夜、さらに次の夜、その次の夜と、それは夜も昼もであったが、なぜかわたしの頭には、第五章の言葉が思い浮かび、消え去ろうとしなかったのであった。わたしは目の前に『歎異抄』をひろげた。それはほとんど無意識にしたことであった。ただ、ぼんやりと涙するばかりのときもあったが、われに返って読みつづけたものである。そしていまは、はっきりと意識できるのだが、読み返す度に、かつて立ちどまったことのない第五章の前に釘づけにされたのであった。

この第五章の最後は、次の言葉で結ばれる。「まづ有縁を度すべきなり」。まず、身近な者から助けることができるという教えである。おそらくは、子を助けることができなかった自責が、この言葉の前に立ちどまらせることになったのである。だが、第五章の前にわたしを釘づけにしたのは、その言葉ばかりではなかった。そのとき、私は身悶えていたのであった。この世では、もう何もしてやることのできない子の後を追い、せめてあの世へ向けてでも何かしてやれることがないものかと悶え苦しんでいたのである。それ故であろう、そのときのわたしには、第五章の冒頭の言葉が、容易に受け入れることができなかったのであった。親鸞は、そこで次のようにいわれるのである。

「親鸞は父母の孝養のためとて一返にても念仏申したること未だ候はず」。

わたしにとってそれは、亡き子にしてやれることは、すでに何もない、といわれたことに等しかった。この言葉が、地の底へ降りてでもと身悶えていたわたしに、どうして受け入れることができるだろう。わたしは、この言葉の前に幾日も幾日も釘づけとなった。いまもなお、すべてが判然としたとはいえない。しかしこのいま、身悶えていたわたしの前にすっくと立たれた親鸞の方から、かすかながら一筋の光が射し入ってくるように思えるのである。

『歎異抄』の第四章は、自力の限界を明らかにしたうえでの、念仏他力のすすめである。そうだとすると、第五章は、その四章を受けて、生の根本的本質の解明のうえに立って、念仏の根因を明らかにする章であるといってよい。それは「わが力にて励む善」ではないということにつきる。しかもこれこそが、亡き子に繋がるただ一つの道なのであった。わたしは、この言葉に痛みをともなう光を覚えるのである。そこには、自力の入る余地はない。従って第四章においては、ただ自力の限界を明らかにするのみであった言葉が、この第五章においてはさらに強い言葉となるのも必然というべきであろう。親鸞はいわれるのである。

「ただ、自力を棄てて、いそぎ浄土の覚りを開きなば──（中略）──まづ有縁を度すべきなり」と。

わたしは、この「ただ、自力を棄てて」という教えを、何度口の中でくり返してみたことであろう。（『一粒の涙を抱きて』「危機の現代に子どもを思う」毎日新聞社）

この『歎異抄』の第五章をとおして、ずっと高さんはこの問題を荷ない問い続けておられます。高さんはこういう第五章の言葉の前に、まさに身悶えしてやまない心を打ちすえるようにしてその意味を尋ねておられると感ずるわけです。まず「有縁を度すべきなり」と、身近な者から救うべきという、その言葉に対して自分は子を助けることができなかった、そういう自責の念がそこにおさえられています。それでこそ息子さんが死んでしまった今、「たとえ地の底におりて行っても何か子供にしてやれることはないのか」と、そういう切実な思いのところでは、せめてあの世に向けてでも何かしてやれることとして、供養ということが心に浮かぶわけでしょう。

ところがその供養ということを『歎異抄』の言葉は切り捨てると言いますか、否定されているわけです。少なくとも親鸞は父母の孝養のために、追善供養のために念仏を申したことは一度もありませんと、文章の上ではいきなり言い切られているわけです。そういう第五章の書き出しの言葉というものは、自分にとって大事な人を失い、またその死について自らを責め続けずにはおれないような思いを持った人、せめて追善供養ということを思わずにおれない人にとって、なぜそれを否定されるのかということが問われるわけです。ただ、第五章の書き出しは非常に直接胸にこたえる言葉、響きを持っていますけれども、実は第五章は、父母孝養をするのかしないのか、そのことがテーマとして取り上げられている文章ではないのです。

これは第四章も第三章もそうですが、一貫して念仏とは何なのかということを問うているわけです。親鸞聖人が「善人なおもって往生をとぐ」（第三章）、あるいは、父母孝養のためにでも念仏したことがないと、こういう形で取り上げられるその念仏とはどういうものか。また念仏申している者の上に開かれてくる世界はどういう世界なのか。そういうことを、この第五章では父母孝養という私どもの生活意識、あるいは宗教意識において非常に身近で、もっとも具体的な問題をとおして顕らかにしようとされているのであって、父母孝養するのが良いのか、悪いのかという問題ではないわけです。父母孝養を思わぬ者はないのでしょう。人間として亡くなった人を偲ぶ、亡くなった両親を偲ぶ、そして少しでも供養をと思うのはごく自然な心の営みですね。そのことをとおして、一体「本願を信じ念仏申す」という時に、具体的にどういう生活が開かれてくるのかということを明らかにしようと、こう申されているわけです。

そこにまず、「父母の孝養のためとて、一返にても念仏もうしたること、いまだそうらわず」という最初の言葉が掲げられまして、そして「そのゆえは」と問いの言葉をおさえて、「一切の有情は、みなもって世々生々の父母兄弟なり。いずれもいずれも、この順次生に仏になりて、たすけそうろうべきなり」と、こう説かれています。この言葉はぴったりこないわけです。「そのゆえは」という言葉の後に出てくる言葉なら、当然ですがなぜ私は父母孝養のために念仏しないのかと理由を述べられてくるはずです。ところがちょっと読みますと、「私がなぜ父母孝養のために一度も念仏しないのかと言えば、その理由は一切の有情、一切の心あるもの、いのちあるものは、みなもって世々生々の父母兄弟であるからである」と。何か納得できかねると言いますか、ぴったりこないものを感ずるわけです。一体これは何をおっしゃっているのか。

そしてその次には二番目の理由として、「わがちからにてはげむ善にてもそうらわばこそ、念仏を回向して、父母をもたすけそうらわめ。ただ自力をすてて、いそぎ浄土のさとりをひらきなば、六道四生のあいだ、いずれの業苦にしずめりとも、神通方便をもって、まず有縁を度すべきなり」という言葉が置かれるのです。何か私どもの意識で申しますと、父母孝養のために念仏しないとは、一体どういう理由なんだと。こう問い詰めていきます時に、この答えには何か言葉をはぐらかされたような、落ち着かないような気持ちが起こってしまいます。そしてまた最後に高さんも取り上げておられます、「まず有縁を度すべきなり」、こういう言葉で結ばれてある。高さんの言葉で言えば「まず身近な者から助ける」という、そういう言葉として「有縁を度す」という言葉がおさえられています。そしていろんな先生方も「有縁を度す」ということをそのように、まず身近な者からという意味でご講義くださっています。

「有縁」とは自分自身

では、亡き父母は有縁でないのか、一番有縁なのは自分のいのちを産んでくださった父母でないのか、ならば有縁である父母を度する、救うために、なし得ることをするべきだと、そういうことになるのでないのか。亡き父母に向かって念仏しないということと、「有縁を度すべきなり」ということ、それが「まず身近な者から」ということでは、私の中ではうまく結びついてこないのですね。

いろいろ申しましたが、私はこの「有縁」とは自分自身だということを思っています。私にとって縁ある存在は、私自身なのです。この私が救われなければ何もない。つまり私どもは自分の人生に責任がある。自分の人生に誰も責任を持ってくれませんね。この自分の人生に責任を持つのは私自身、私一人でしょう。この有縁という言葉は、まさに一切のこのいのちを賜ったこの私を救うか救わないか。この私が救われていかなければ、どんな営みも決して供養にはならないわけです。そこに一番の根本の言葉として、「まず有縁を度すべきなり」と、自分自身を問うておられる。自分自身を受け止め、自分自身の人生、いのちというものの大きな意義をおさえられてあると、そういうふうに感ずるわけです。

繰り返しますが、この第五章は最初に「親鸞は父母の孝養のためとて、一返にても念仏もうしたること、いまだそうらわず」という言葉がまずおさえられまして、そして「そのゆえは」と文章が開かれてきます。そこに「一切の有情は、みなもって世々生々の父母兄弟なり」とあります。有情というのは衆生という言葉と同じでインドのsattva《サットバ》という言葉を翻訳したものです。そして新しい訳が「有情」だと言われていまして、旧訳の衆生という言葉と同じ意味ですが、有情ということは文字そのもののとおりですね、情有るもの、心有るものということです。心有るものということになりますと、人間をはじめ、すべてのいのちあるものということになるのでしょう。その「一切の有情は、みなもって世々生々の父母兄弟なり」という、これは一つの自分のいのちを受け取る心を表しているわけです。

今日、私どもはいのちということではまず、「私のいのち」というところに立ってしまいますし、自分のいのちを大事にするということは、しばしば自分の思いを大事にするということになっています。自分の思い、自分の考えを大事にして、表現し、主張していくことが自分の人生を大事に生きることだと。そういう感覚が私どもに広くあるかと思うのです。

それに対して、この「みなもって世々生々の父母兄弟なり」と、こういう言葉から思われることとですが、いわゆる人間というものはへそがあるわけです。へそがあるということはいのちがつながっていたということを表しているわけです。直接的に母親とのへそがつながっていたということでしょうけれども、しかしその母親のへそもおばあさんとつながっていたわけですし、そのようにしてどんどこまでもさかのぼってへその緒を全部つなぎ合わせていったら、どれほどの長さになるものか。決してポコンと私というものが生まれてきたわけではない。そういうへそをとおして母親としっかりつながりを持ったものとして生まれてきている。しかもその私たちはまず生まれて一年間は自分では何もできない。自分のあるがままを受け止めてくれなければ、いのちを長らえることもできなかった、そういうものとして育ってきたのですね。周りの都合とは関係なしに、泣きたい時に泣き、わめきたい時にわめき、この私がそのまま受け入れられ、そして養われてきた。そういうことがあればこそ、今生きているということがあるわけです。

この身に受けているいのちは、まず思いから始まるのではなく、はるかに長い歴史と深いつながりを持ったいのちであったのだということです。

順次生

そういういのちの限りないつながりということを、いろんな方が、いろんな言葉で伝えてくださっていますけれども、曽我量深先生はこういう言い方をなさっています。「自分はささやかなものであるけれども、ただ事ではない、という純粋な喜び」。自分が今生きているということはただ事ではないのだと。自分の能力ということで言えばささやかな存在だと、何ができるというものではない。けれども賜っているそのいのちはただ事ではない。限りないつながりと、限りない広がりの中に支えられ促され生きてきた。そういういのちを賜っていたという、「純粋な喜び」と曽我先生はおっしゃっています。だからどうだということではなしに、今、いのちを賜って私はここに生きてある、そのことに限りない喜びを感ずる。自分の存在について、その限りない、いのちの歴史があって私がここにあるという歴史的意義を感ずる。これを「空しく過ぎない」と言うのだと。自分の人生を空しく過ごすということは、結局エゴでしか生きてこなかった。自分の思いでしか生きてこなかったということ。そういう思いで生きてきた時は、その思いはそれこそ死をもって閉じるわけです。それまでの営みが何であったのかと、あらためて問われるわけです。

本来、私が受けたこのいのちはただ事でないいのちである。その喜びが初めて、一歩一歩の生活を輝かせてくれる。そこに「いずれもいずれも、この順次生に仏になりて」とありますが、この「順次生」という言葉は、辞書を見ますと「今生の次に受ける生」、また「次の生、次に生まれる境涯」と書いてあります。文字から見ますといかにもそのようです。ですけど、そうだとしたら「仏になりて、たすけそうろうべきなり」というのはどういう意味になるのか。この世はあきらめなさい、生まれ変わって次の生で何とかしなさいと、そういうことなのか。失った父母やわが子のいのちと真向かいになってどうするのか、今生はあきらめて次の生にと、こういうことですと、納得がいきかねるわけです。

これは一体どういうことなのだろうということがわかりませんでした。そういう時に一つ教えてもらいましたのは、蓬茨祖運先生の教えですが、この順次生の「順」というのは順番の「順」ではなく、「順《じゅん》彼《ぴ》仏願《ぶつがん》故《こ》」の「順」なのだというのです。「彼《か》の仏願《ぶつがん》に順《じゅん》ずるが故《ゆえ》に」（『教行信証』信巻・聖典第二版二四五頁）という言葉ですが、この順ずるというのは随順《ずいじゅん》ですね。どこまでもその教えに順《したが》って生きるということです。そこに生まれてくる新しい生活、それが「順次生」なのだと。

つまり、それまでの私どもはエゴに立ち、そして理性を力に生きてきたわけです。そこにあってどこまでも「我が」という思いを超えられずに、すべて「我が」というところで体験してきているわけです。その私どもの自我に立った在り方、生き方というものが、ひとたび死なれて、つまり生が終わって、断ち切られて、本願に生きる生が生まれる。

これは親鸞聖人が『愚禿鈔《ぐとくしょう》』にお説きになっています。

本願《ほんがん》を信受《しんじゅ》するは、前念命終《ぜんねんみょうじゅう》なり。（中略）

即得往生《そくとくおうじょう》は、後念即生《ごねんそくしょう》なり。

（聖典第二版五一〇頁）

「前念」というのは自力、自分の思い。自分の力を頼みに生きてきた、そういう私どもの在り様というのはそこに終わって、「後念」という本願を信受する生活、いのちの歩みが根本から展開される。いわゆる「回心《えしん》」という言葉でおさえられます信仰体験、信心の目覚めです。そういう目覚めにおいて始まる生、それが「順次生」なのだということを教えていただきました。

この世の人生が終わって、次の世の人生が順次生だと、そんなことは本来仏教では説かないことです。順次生という言葉をそういうふうに捉えますと、ここの文章はまことに意味のない文章になってしまうわけでして、この順次生というのは「前念命終、後念即生」という歩みなのです。

信に死し願に生きよ

そしてこの言葉を受けてさらに曽我量深先生は、こういう言葉で徹底して教えてくださっています。「信に死し願に生きよ」と。つまり本願を信ずるというのですが、私は本願を信じているぞと信を握りしめていたら、自分の思いに生きるのと変わりないわけです。信心は大事なのですが、信心は本願の心であり、如来の心である。信心をわが心として握りしめているならば信心の姿ではない。だから信心の生活というのは願に生かされていく生活なのです。自分の信心の体験を振り回すのではないのです。

「お前の回心はいつだ」とよく問われます。自分の回心さえはっきりしていない者が、信心の者とは言えない。本当に信心の生活を送っているなら自分がいつ回心したのか、はっきり心に刻まれているはずだと。こう問われて、「さあ、ちょっと」と言うようでは、信心は曖昧なものでしかない。こういう批判をよくされますが、それは自分の回心の時を握りしめている姿であります。何年何月何日こういう形で回心をしたのだと、その回心の体験を後生大事に握りしめている。それは思い出にすぎないですね。自分の人生における大事な思い出としてはそういうこともあるでしょう。しかしそうではない、「信に死し願に生きる」というのは一歩一歩であります。回心は常に今なのです。過去のことではないのです。常に回心を新たにしていくのです。ひとたびの回心のそれから一歩一歩生きて行くのです。

聞法会などでよく「三帰依文《さんきえもん》」を唱和させてもらいますが、そこの最後のところに、「無上甚深微妙《むじょうじんじんみみょう》の法《ほう》は、百千万劫《ひゃくせんまんごう》にも遭遇《あいあ》うこと難《かた》し。我《われ》いま見聞《けんもん》し受持《じゅじ》することを得《え》たり。願《ねが》わくは如来《にょらい》の真実義《しんじつぎ》を解《げ》したてまつらん」（聖典第二版巻頭）と、こういう文章で帰依の言葉が終わるのです。これについてよくご質問があるのです。「我いま見聞し受持することを得たり」と、それならそれで済んでいるではないか、何でまた「願わくは如来の真実義を解したてまつらん」と、これから学んでいくということを言うのだと。すでに受持しているのならゴールインではないのかと、問われるのです。しかし、信心の歩み、聞法の歩みは決してそうではありません。この身をもって頷いたところを尋ねていくのであり、よき人に遇うということもそういうことです。よき人に出遇った時、自分の人生が一変するのです。そこに根本的な生き方の転換が起こるのですけれども、その起こった事実を頷き頷きし、そのことをとおして人に伝えていく。人にも伝え得る、身に明らかにしていく。そういう歩みがそこから始まり、頷いたことを聞いていくのです。

ですからここでも、いただいた信心をとおして、信心をいただいたというところに立ち止まるのではない。その信心という姿でその願、願心を一歩一歩生きて行く。ここから本当の順次生が始まるのでしょう。願に順ってそこから開かれてくる新しい人生の意味です。それまでは「俺が」というところにどこまでも立っていた。その「俺が」というところに立っていた自分がひとたび自力無効、高さんがおっしゃっていたように、どうしてみようもないその行きづまりの中で目覚めていく。そこに新たなるいのちの歩みが始められる。それが順次生であります。そういうところに立って初めて「仏になりて、たすけそうろうべきなり」なのです。

広島で原爆に遭われ四十五歳でお亡くなりになった原民喜《はらたみき》という方の、被爆体験を書かれた『夏の花』という小説がありますが、これはそこに収められている竹西寛子《たけにしひろこ》さんの解説文です。

ある時期、私は鎮魂の行為を素直にいとしむ習慣に生きていた。鳥獣でも虫魚でもない人間らしい行為の一つだと思っていた。しかし、今は、かなり違う。己惚《うぬぼ》れてはいけない。死を全《まっと》うしていないものにどうして死者の魂など鎮《しず》めることができるだろう。鎮魂とは所詮死を経験できない生者の、不安と祈りに発した知恵に過ぎない。自分自身の魂鎮めなのだ。

（『夏の花』「広島が言わせる言葉」晶文社）

このように非常に厳しい言い方をされています。鎮魂というのはこの場合、供養と言い換えてもいいわけです。亡くなった人の供養を考える。ですからある時期、その先祖供養の行為を素直に愛《いと》しむ習慣に生きていた。それは虫や魚にはない、まさに人間らしい一つの行為だとそう思っていたと。しかし今はかなり違う。うぬぼれてはいけないと。死を全うしていないものにどうして死者の魂など鎮めることができるだろう。つまりお前は死ねるかということです。自分が死ぬことにおびえている者が、どうして死者の魂を鎮めることができるのだ、という問いでしょう。

私の家族が癌で死にまして、もう十七年経ちましたが、その終わり頃、友達やいろんな方が見舞いに来てくださいました。本人もそういう友達の顔を見れば喜ぶのですけれども、後の疲れがひどいのですね。ぎりぎりのところを生きていても見舞いに来てくれた人の思いを受けて尽くしますから、後には横に居る者にとってはたまらない疲労感をあらわにしています。それと同時に、見舞ってくださる人を見ていまして、見舞ってくださることには感謝するわけですけれども、しかしある意味で煩《わずら》わしさを感ずるのですね。それは何かと申しますと、ただ今申しましたこの問題です。死ねない人が、死に直面している人に慰めの言葉をかけてくださる。だけれども死ねない人の言葉ですから、力にはならないわけです。今まさに死を前にしている人にとって、その言葉は決して力になる言葉ではない。何かやはり自分自身、自分の死というものをしっかりと受け止めて生きておられる人のもらされる言葉というのが、やはり死を前にした人にとって大きな力になる言葉なのだと。

死から免れたい、死から目をそらしたい、そう思っておられる人がいろんな言葉をおっしゃるわけです。それは事実を前に耐えられない気持ちになるのでしょうね。やはり久しぶりに見舞いに来てみたら、どれだけもつだろうかという気持ちになっている。そういうのを見るとその方々は悲しみと同時に慌てられるわけです。何か真向かいになれない心から、逆にいろんな言葉が使われるわけです。それはどうもやはり力になるというよりは、逆に煩わしい気持ちを重ねるということになる。

先祖供養という場合もまさにそういう自分自身の死という事実を受け入れられない。言うならばそこから少しでも身をさけてと思いながら、どうして亡き人の供養ということができるかです。逆に自分はまだ生きててよかったという思いがあらわになるということにもなるのでしょう。そこに何かこの竹西寛子さんの、「己惚れてはいけない。死を全うしていないものにどうして死者の魂など鎮めることができるだろう」という言葉が問うてくる。そしてそれはこの「順次生に仏になりて、たすけそうろうべきなり」という言葉と重なるわけです。

讃嘆と供養

私自身がまさしくそういう自己執着、エゴですね、自我愛、そういうものに執われている在り方に死んで、まさしく本願に生かされている身として、このいのちをただ事でないいのちとして身に受けていく。そういう時に初めてそれは供養になるのでないか。供養ということは、仏教では常に「讃嘆供養《さんだんくよう》」です。自分自身が自分の人生のいのちとして、ただ事でないいのちとしていただくことができた。その私のいのちをただ事でないいのちとして深く喜ぶ、そういう生活を開いてくださった、その教えに対する讃嘆。その讃嘆の心において教えに順って供養する。教えを讃嘆する心のない供養は、こうしたら供養になるよという世間的な言い伝えをそのまますする、ある意味では「これで気が晴れました」ということしか見出せないのではないか。供養ということは常に教えということに対する讃嘆ということがあるわけです。私自身がこの教えにおいて、この人生を本当に受け止めることができ、生きることができる。そのことのほかに実は供養ということもないのでしょう。

つまり先祖代々、両親をとおし、生きとし生けるものすべてとのつながりのあるこのいのちを喜べるかどうか。この私の人生が喜べない、愚痴しか出てこないと、もしそういうことであれば、そこには決して先祖を供養するということなど、成り立ちようもないのでしょうね。両親ということに限って申しましても、両親から賜ったいのちを喜ぶ。両親から賜ったいのちをかけがえのない、ただ事でないいのちとして本当に喜ぶということ。そのことがまず何よりも親の心というものを満足させる営みになるのでしょう。そういうことがなければ、どれだけ仰々《ぎょうぎょう》しく供養がされたとしても、そこには生きた供養というものは成り立ってこないと思うわけです。

次に蓮如上人のお言葉をご紹介します。

蓮如上人《れんにょしょうにん》、仰《おお》せられ候《そうろ》う。「仏法《ぶっぽう》には、まいらせ心《ごころ》わろし。是《こ》れをして御心《おんこころ》に叶《かな》わんと思《おも》う心《こころ》なり。仏法《ぶっぽう》のうえは、何事《なにごと》も報謝《ほうしゃ》と存《ぞん》ずべきなり」と云々《うんぬん》

（『蓮如上人御一代記聞書』一三五・聖典第二版一〇五二頁）

蓮如上人はこの「まいらせ心」ということを注意なさいます。「是れをして御心に叶わんと思う心」。自分の人生、自分のいのちを本当に喜ぶということがなかったらすべては法事を勤める心に適《かな》わない、そういうことにとどまるわけでしょう。それは何よりも結局自分だけを大事にする心に終わる。そこにさらに、

「よきことをしたるが、わろきことあり。わろき事《こと》をしたるが、よき事《こと》あり。よき事《こと》をしても、われは法儀《ほうぎ》に付《つ》きてよき事《こと》をしたると思《おも》い、われ、と云《い》う事《こと》あれば、わろきなり。あしき事《こと》をしても、心中《しんじゅう》をひるがえし、本願《ほんがん》に帰《き》するは、わろき事《こと》をしたるが、よき道理《どうり》になる」由《よし》、仰《おお》せられ候《そうろ》う。しかれば、蓮如上人《れんにょしょうにん》は、「まいらせ心《ごころ》がわろき」と仰《おお》せらるると云々《うんぬん》

（同一八九・聖典第二版一〇六三頁）

こういう言葉はまだほかにもありますが、この「まいらせ心」というのを蓮如上人は繰り返しご注意くださっています。『歎異抄』の第五章で問題にされているのは、その「まいらせ心」を破る言葉ですね。この「順次生に」という言葉もそうでありますし、「わが

ちからにてはげむ善にてもそうらわばこそ、念仏を回向して」という、この場合の「念仏を回向して」の回向は、「是れをして御心に叶わんと思う心」です。それはすえとおらないことでしかない。

続いて「ただ自力をすてて、いそぎ浄土のさとりをひらきなば、六道四生のあいだ、いずれの業苦にしずめりとも、神通方便をもって、まず有縁を度すべきなりと云々」という言葉があります。この「いそぎ」という言葉も、「一刻も早く」という意味でおさえられることが多いわけですが、これは寺田正勝《てらだまさかつ》先生が、「お前にはほかを振り向く余裕などもうない。何が起ころうが、どんな思いがこころを閉ざそうが、それを機縁として浄土のさとりをひらく道に専念せよ」と言われているのが、この「いそぎ」だとおっしゃっています。つまり「いそぎ」というのは、もうほかを振り向いている余裕はない、このこと一つしかないのだという促しの言葉なのだと。時間的に一刻も早くと、そういうことではない。ただただ肝要なこと、ただただ、あなたに成し得ることはこのこと一つという意味で「いそぎ」なのだと。亡き人を偲ぶということが願われるのならば、「いそぎ浄土のさとりをひらく」ということのほかにないと。こういう言葉で「いそぎ」ということを教えてくださいました。

高史明さんの言葉では、もうほかに道がないという事実の前に身悶えする。その身悶えする自分の心を高さんは深く見つめておられますが、そういう「いそぎ」と言われる促しがあるということがそこに教えられていると思うわけです。そこに一つの視点の展開、視点が変わるということがある。つまりそこには、私が亡き人々のことを思いはからうという、こちらから向こうを見つめているのがひっくり返って、向こうから見つめられ願われている自分が初めて知らされてくる。「順次生」という展開も、そういうことが一つあるわけです。

私を念じたまう仏を念ずる

私が親を想う前に親が私の生き方、在り様を深く見つめられ、案じられているのでしょう。そういう視線を感ずることなしに供養ということはないのです。こちらから向こうを見て、「私がこれだけのことをしましたよ」ということでは、それこそ「まいらせ心」が残るだけでしょう。そうではなく、念じられていた自分、そういう自分に気づいていく。その念じられていることに生きることが一番の供養なのでしょう。

これは、三好達治《みよしたつじ》という方の「わが名をよびて」という詩です。

わが名をよびてたまはれ
いとけなき日のよび名もてわが名をよびてたまはれ
あはれいまひとたびわがいとけなき日の名をよびてたまはれ
風のふく日のとほくよりわが名をよびてたまはれ
庭のかたへに茶の花のさきのこる日の
ちらちらと雪のふる日のとほくよりわが名をよびてたまはれ
よびてたまはれ
わが名をよびてたまはれ
（詩集『花筐』青磁社）

全体の詩の感じからすれば、亡くなったお母さんを偲ぶ時に一番心に強くよみがえってくるのは、いとけなき日、おりに触れて私の名を呼んでくださった。私に呼びかけてくださった呼び声、その呼び声としてのお母さん。風の吹く日、あるいは庭のかたえに茶の花の咲き残る日。ちらちらと雪の降る日。そこにはいろいろな思い出があるわけでしょう。その思い出の中で、そのたびに自分がどこへ行ったのか案ずる。元気に遊んでいるのか案じてくださる。そういうお母さんのわが名を呼ぶ呼び声ですね。それがどんなに大きな喜びであり、力であったか。そのことを亡くなったお母さんを偲ぶ心でうたわれた詩だと私は読んで感ずるわけです。

そこにわが名を呼ばれるということ。何か供養ということも、自分の大事な人を失った悲しみを一番感ずるのは、その人の声が聞こえない、聞けないということ。思い出はいろいろあってもあの声が聞こえない、聞けないという、それが一番の悲しみを誘います。何かそういう名を呼んでくださる、そこに感じた、それこそいのちのつながり、私を案じてくださっている心の強さ、そういうものが二度と聞けないというそのことが一番、悲しみとなって心をしめるということがあるのです。

そのことを三好達治という詩人は、美しい詩としてうたっておられるわけですが、先祖供養ということも、わが名を呼んでくださったその呼び声を聞き直し、出遇っていくということがあるのでしょう。こちらから向こうへ差し出すということではありません。逆に向こうからの呼び声を聞く。そして向こうから私を念じてくださっている心を新たに感じ取る。そういうことなしに先祖供養ということは本当の生きた姿を持てないのではないか。

そのことを第五章の文章をとおしていただいてみると、両親、限りない人々から賜った自分のいのち、自分の人生をまず度する。本当に受け取って生きていけるそういう世界を念仏によって賜るわけです。だから念仏の世界にあっては、こちらから何か差し上げてという供養では問題にならないのだと。それが、「親鸞は父母の孝養のためとて、一返にても念仏もうしたること、いまだそうらわず」と、こういう言葉がおさえられてくるゆえんかと思います。

そこに「六道四生のあいだ、いずれの業苦にしずめりとも」とあります。六道四生というのは迷いの世界とその生まれ方を表しているわけですが、いかなる生き方をしようと「いずれの業苦にしずめりとも」、人生それこそ娑婆《しゃば》です。娑婆というのは一人ひとりが誰に代わってもらうことのできないいのちの事実を生きている場所です。曽我量深先生は「娑婆はもっとも厳粛な世界である」とおっしゃっています。どうせ娑婆だからということはあり得ないのです。娑婆という言葉で言い表しているのは誰にも代わってもらえない業苦を荷なって生きている世界です。そしてそこでの一歩一歩はその人のいのちの事実となって現れてくる。

そういうもっとも厳粛な世界にあっての、この「神通方便をもって」という言葉です。神通力という言葉がありますが、いわゆる単なる超能力ということではありません。私どもの行為が自在でない、心身の自在さが保てないのは、そこには常に執われがあるからですね。意識に執われがある。オリンピックの競技でも意識の執われの有無で明暗が分かれます。いつも申すのですが、大手を広げただけの幅の道があれば、その上を歩くことが私たちには普通できますが、これが千尋の谷にかかっている橋だとすると足がすくんでしまいます。落ちたら死ぬという意識がもう足をすくませる。神通力とは何かと言ったら、執われを離れた心です。事実のままに生きられるということです。ところがわれわれの意識は物事をいろいろと解釈する。解釈に執われて足がすくむ。つまり神通方便をもってというのは、一切の執われから離れた願いと力。その願力をもって「まず有縁を度すべきなり」というわけです。こういう言葉で、まずあなた自身が目覚めるか目覚めないか、そのことに父母の孝養ということもかかっているんだと。

どういう状況にあろうと、いのちの事実を引き受けて生きてゆく勇気と心の広がり、そういうものを開いてくださるのが念仏の世界なのだと。その念仏の世界に遇って初めて孝養ということも成り立つわけです。いわゆるわが力にて父母の孝養を尽くそうと思っても、高史明さんが身をもってその事実を生きてくださったように、果たし遂げることはできない。そういうことがここではおさえられているかと思います。

「わが名をよびて」という詩に教えられますように、私どもにとって念仏とは、実はわが名を呼びたまう声を聞くということです。お念仏というのは、向こうに立っていらっしゃる仏を念ずることではない。そうではなくて、私を念じたまう仏を念ずるのです。「念念仏《ねんねんぶつ》」という勝手な言い方を私はしていますが、つまり、わが名を呼びたまうその心に出遇い、その心に目覚め、その心を念ずるのですね。それを念仏、名号、称名と。称という字を使われる。

以前も申しましたが、この「称」というのは「はかり」だと親鸞聖人はおっしゃっています。

「称《しょう》」は、御《み》なをとなうるとなり。また、「称《しょう》」は、はかりというこころなり。はかりというは、もののほどをさだむることなり。名号《みょうごう》を称《しょう》すること、とこえ、ひとこえ、きくひと、うたがうこころ、一念《いちねん》もなければ、実報土《じっぽうど》へうまるともうすこころなり。

（『一念多念文意』聖典第二版六六八頁）

「はかり」によって、分銅の重さと品物の重さがピタッと一つになることで重さをはかることができることから、二つのものがピタッと一つになるということが「称」という字で表されています。つまり私に呼びかけたまう本願の名のりと、その名を称える私の心ですね。名のりの心と私の心がピタッと一つになるのが称名の「称」。口に声を出すという唱歌の「唱」ではないのです。

さらに、「とこえ、ひとこえ、きくひと」とありますように、お念仏する人というのは「聞く人」なのです。とこえ、ひとこえ「となえる」とは親鸞聖人は書いていないのです。

ここまで『歎異抄』第五章をとおしまして、あらためて気づかされたことをお聞きいただきました。そこには、私どもにとって素朴な心であり祈りでもある先祖供養ということをとおして、念仏とは何なのか、念仏申すことによって開かれてくる世界とはどういうものかが、顕らかにされていました。そしてそのことによって、本当に先祖供養をして欲しいと。すなわち先祖供養するということは、先祖の想いを空しくしないということ。そこに、先祖によって身に伝えられたいのちを空しくしないということ。そういうこととしてあらためて、先祖供養ということが見直されるということが願われてくるかと思うわけです。

二　自らを悲しむ心
――歎異抄 第六章――

歎異抄 第六章

一　専修念仏《せんじゅねんぶつ》のともがらの、わが弟子《でし》ひとの弟子《でし》、という相論《そうろん》のそうろうらんこと、もってのほかの子細《しさい》なり。親鸞《しんらん》は弟子《でし》一人《いちにん》ももたずそうろう。そのゆえは、わがはからいにて、ひとに念仏《ねんぶつ》をもうさせそうらわばこそ、弟子《でし》にてもそうらわめ。ひとえに弥陀《みだ》の御《おん》もよおしにあずかって、念仏《ねんぶつ》もうしそうろうひとを、わが弟子《でし》ともうすこと、きわめたる荒涼《こうりょう》のことなり。つくべき縁《えん》あればともない、はなるべき縁《えん》あれば、はなるることのあるをも、師《し》をそむきて、ひとにつれて念仏《ねんぶつ》すれば、往生《おうじょう》すべからざるものなりなんどいうこと、不可説《ふかせつ》なり。如来《にょらい》よりたまわりたる信心《しんじん》を、わがものがおに、とりかえさんともうすにや。かえすがえすもあるべからざることなり。自然《じねん》のことわりにあいかなわば、仏恩《ぶっとん》をもしり、また師《し》の恩《おん》をもしるべきなりと云々《うんぬん》

（聖典第二版七七〇頁）

弟子一人ももたず

第六章をまずごいっしょに読ませていただきました。この「親鸞は弟子一人ももたずそうろう」というお言葉も、よく取り上げられ、語られてきていますが、真宗の教えに生きる者の在り方の根本的な性格を示す大事な言葉として、繰り返し、受け継がれ聞き直されているということがあるわけです。それでこの「親鸞は弟子一人ももたず」というその言葉の背景を一応受け止めていただきたいということで、最初に『口伝鈔《くでんしょう》』、次に『改邪鈔』という御書物のお言葉を引かせていただきたいと思います。これはいずれも覚如上人の文章です。覚如上人は、今の本願寺の基礎を築かれた方です。

それで、『口伝鈔』の次のお言葉ですが、

一　弟子同行《でしどうぎょう》をあらそい、本尊《ほんぞん》・聖教《しょうぎょう》をうばいとること、しかるべからざるよ

しの事《こと》。

常陸国新堤《ひたちのくににいづつみ》の信楽坊《しんぎょうぼう》、聖人《しょうにん》親鸞《しんらん》の御前《ごぜん》にて、法文《ほうもん》の義理《ぎり》ゆえに、おおせをもちいもうさざるによりて、突鼻《とっぴ》にあずかりて、本国《ほんごく》に下向《げこう》のきざみ、御弟子蓮位坊《おんでしれんいぼう》もうされていわく、「信楽房《しんぎょうぼう》の、御門弟《ごもんてい》の儀《ぎ》をはなれて、下国《げこく》のうえは、あずけわたさるるところの本尊《ほんぞん》をめしかえさるべくやそうろうらん」と。「なかんずくに、釈《しゃく》の親鸞《しんらん》と外題《げだい》のしたにあそばされたる聖教《しょうぎょう》おおし。御門下《ごもんか》をはなれたてまつるうえは、さだめて仰崇《ぎょうそう》の儀《ぎ》なからんか」と云々《うんぬん》　聖人《しょうにん》のおおせにいわく、「本尊《ほんぞん》・聖教《しょうぎょう》をとりかえすこと、はなはだしかるべからざることなり。そのゆえは、親鸞《しんらん》は弟子一人《でしいちにん》ももたず。なにごとをおしえて弟子《でし》というべきぞや。みな如来《にょらい》の御弟子《おんでし》なれば、みなともに同行《どうぎょう》なり。念仏往生《ねんぶつおうじょう》の信心《しんじん》をうることは、釈迦《しゃか》・弥陀二尊《みだにそん》の御《ご》方便《ほうべん》として発起《ほっき》すとみえたれば、まったく親鸞《しんらん》が、さずけたるにあらず。当世《とうせい》たがいに違逆《いぎゃく》のとき、本尊《ほんぞん》・聖教《しょうぎょう》をとりかえし、つくる(付)ところの房号《ぼうごう》をとりかえし、信心《しんじん》をとりかえすなんどいうこと、国中《こくちゅう》に繁昌《はんじょう》と云々《うんぬん》　返《かえ》す返《がえ》すしかるべからず。本尊《ほんぞん》・聖教《しょうぎょう》は、衆生利益《しゅじょうりやく》の方便《ほうべん》なれば、親鸞《しんらん》がむつ(睦)びをすてて、他《た》の門室《もんしつ》にいるというとも、わたくしに自専《じせん》すべからず。如来《にょらい》の教法《きょうぼう》は、総《そう》じて流通物《るずうもつ》なればなり。しかるに、親鸞《しんらん》が名字《みょうじ》ののりたるを、法師《ほうし》にくければ袈裟《けさ》さえの風情《ふぜい》に、いといおもうによりて、たといかの聖教《しょうぎょう》を山野《さんや》にすつというとも、そのところの有情《うじょう》群類《ぐんるい》、かの聖教《しょうぎょう》にすくわれて、ことごとくその益《やく》をうべし。しからば衆生利益《しゅじょうりやく》の本懐《ほんがい》、そのとき満足《まんぞく》すべし。凡夫《ぼんぶ》の執《しゅう》するところの財宝《ざいほう》のごとくに、とりかえすという義《ぎ》、あるべからざるなり。よくよくこころうべし」とおおせありき。

（聖典第二版七九九〜八〇〇頁）

最初に「弟子同行をあらそい、本尊・聖教をうばいとること、しかるべからざるのよしの事」、それは真宗の教えに生きる者としてふさわしくない。適当でない態度だと言われていまして、当時にあってこういう問題が起こっていたということが具体的に書かれています。まず事の発端として、信楽坊という人が法文の心を受け取るうえでの食い違いがあり、そのために仰せを用いない、正しい教えの言葉を聞かないということがあった。それで「突鼻にあずかりて」、「突鼻」とは鼻をくだかれるということで、要するに高慢な鼻をへし折られるということですね。咎《とが》めを受けるという意味です。すると信楽坊は、もうこんな所には居られんということで、自分の生まれ故郷に帰るという時になって、親鸞聖人のそばにいた蓮位坊というお弟子が、こういうことを言われた。「信楽坊の、御門弟の儀をはなれて、下国のうえは、あずけわたさるるところの本尊をめしかえさるべくやそうろうらん」と。

ですから当時は親鸞聖人の教えを聞く、親鸞聖人のお言葉をとおして仏道を歩むという時には、ご本尊を下付《かふ》されていたのでしょう。その親鸞聖人が手渡されたご本尊をめしかえす、取り返すべきではないでしょうか、と。「なかんずくに、釈の親鸞と外題のしたにあそばされたる聖教おおし」、お聖教をお渡しになる時には、そこに親鸞聖人が自分の名前「釈親鸞」を書き加えて渡された。言うなれば、署名入りのお聖教がたくさんあった。「御門下をはなれたてまつるうえは、さだめて仰崇の儀なからんか」、おそらく仰崇とは敬い尊ぶということです。そのお聖教を敬い尊ぶことはなくなり、粗末に扱うだろうと。だから取り返しておくべきではないかと、こういうことを蓮位坊という方がおっしゃった。

それに対して親鸞聖人は「本尊・聖教をとりかえすこと、はなはだしかるべからざることなり。そのゆえは、親鸞は弟子一人ももたず。なにごとをおしえて弟子というべきぞや。みな如来の御弟子なれば、みなともに同行なり」と、こういうことをおっしゃった。みんな如来の御弟子であるから、親鸞の御同行《おんどうぎょう》、共に歩んでくださる人だということですね。「念仏往生の信心をうることは、釈迦・弥陀二尊の御方便として発起すとみえたれば、まったく親鸞が、さずけたるにあらず」と。

「信心」ということで言いますと、キリスト教徒の哲学者であるキルケゴールがこういうことを言っておられます。「人間は人のためにいろいろなことをしてあげることができる。けれども信心を与えることだけはできません」と。人間が人間に信心を与えるなどということはできることではない。その人その人が、それこそ自分の人生というものを問い、教えに出遇い、一人ひとりが信心を受けていくのであって、何か人が人に手渡せるようなそんなものではない。私も息子が一人おりますが、自分の子供になら伝えられるかと言うと、伝えられませんね。この信心の問題は、一代一代のものなのです。人は皆それぞれの業を抱えて生きているわけで、信心の問題はその人その人の、言うならば人生を尽くしての歩みですから。こればかりは親から子へと伝えるというわけにいかないのです。ましてや周りの人に信心を与えるなんてことはあり得ない。これはまた大きな問題としてずっと出てまいりますけれども、ともかくそこに信心というものを親鸞が授ける、そういうことはないことだと。

「当世たがいに違逆のとき、本尊・聖教をとりかえし、つくるところの房号をとりかえし、信心をとりかえすなんどいうこと、国中に繁昌と云々」、「違逆」というのは心が食い違う時、この信楽坊とか蓮位房と、その一門で共に教えに生きる者として与えた名である房号を取り返す。そういうことが国中に、盛んに行われていた。お互いに自分の弟子だ、自分の先生だという、そういう執われが広くあった。それは、「返す返すしかるべからず」、念仏者としてはふさわしくないことである。そういうことをするのは、本当に念仏者としての在り方に背くということでしょう。「本尊・聖教は、衆生利益の方便なれば、親鸞がむつびをすてて、他の門室にいるというとも、わたくしに自専すべからず」、「自専」というのは、自分の所有物として主張することですね。親しい交わりを捨てて、違った先生の所に入るとしても、与えた本尊とか聖教を、自分が与えたものだから自分に返せと、そういうことをしてはならないと。

なぜなら、「如来の教法は、総じて流通物なればなり」。ここに「流通物」という言葉があげられています。教えというものは、教えの力において流通している。流れ伝わるということですね。例えば一人ひとりがその教えに出遇い、その教えに目覚め、そしていろんな問題を抱えながら、しかもその教えに生きておられる。そういうことがある時、その事実が人の心を開いていくのであって、そのことによって自ずと法が伝わっていく。誰かが自分で工夫して手渡していくという、そういうものではないんだということですね。法は法のはたらきとして、自ずと人々に伝わっていく。誰が自分の法だ自分の教えだと、そういうように主張することができるだろうかと。

ところが、「しかるに、親鸞が名字ののりたるを、法師にくければ袈裟さえの風情に、いといおもうによりて、たといかの聖教を山野にすつというとも」、そういう釈親鸞と署名されているものを、去って行った信楽坊が、もう親鸞の名前のついている聖教なんておもしろくない。それこそ「坊主にくけりゃ袈裟まで」で、途中の山野に捨ててしまうとしても、「そのところの有情群類、かの聖教にすくわれて、ことごとくその益をうべし。しからば衆生利益の本懐、そのとき満足すべし」。「有情群類」とありますが、要するにそういう山野に生きているいのちあるもの、鳥や獣や昆虫が何かの縁でその聖教にすくわれて、利益を得るということが起こらないとも限らない。そこには、そういう賜った教えというものは決して自分のもの、人のものと、そういうものではない。自然すべてが共に頷いていける教えなんだという、そのことがおさえられて、こういう言葉があげられていると言っていいかと思います。そして「「凡夫の執するところの財宝のごとくに、とりかえすという義、あるべからざるなり。よくよくこころうべし」とおおせありき」と、このように結ばれています。

ですから「弟子一人ももたず」という言葉の背景には当時の「わが弟子ひとの弟子」という争いの中で、自分のところで授かったものは、去っていく時には当然置いていくべきだとか、「自専」という言葉があげてありましたが、自らの専有にすること、自分のものとするということを徹底して戒められた。そういう言葉として「弟子一人ももたず」と言われたわけですね。

もう一つは『改邪鈔』のお言葉です。

一　弟子《でし》と称《しょう》して同行等侶《どうぎょうとうりょ》を自専《じせん》のあまり、放言悪口《ほうごんあっこう》すること、いわれなき事《こと》。

光明寺《こうみょうじ》の大師《だいし》（善導）の御釈《おんしゃく》（散善義）には、「もし念仏《ねんぶつ》するひとは、人中《にんちゅう》の好《こう》人《にん》なり、妙好人《みょうこうにん》なり、最勝人《さいしょうにん》なり、上上人《じょうじょうにん》なり」とのたまえり。しかればそのむねにまかせて、祖師《そし》のおおせにも、「それがしは、まったく弟子一人《でしいちにん》ももたず。そのゆえは、弥陀《みだ》の本願《ほんがん》をたもたしむるほかは、なにごとをおしえてか弟子《でし》と号《ごう》せん。弥陀《みだ》の本願《ほんがん》は仏智他力《ぶっちたりき》のさずけたまうところなり。しかればみなともの同行《どうぎょう》なり。わたくしの弟子《でし》にあらず」と云々《うんぬん》

（聖典第二版八二九頁）

これらに一貫してありますのは、法は誰のものでもないということですね。どこまでも法は賜るものであって、わが法、ひとの法という区別はないんだという。そしてどこまで

も弥陀如来の弟子であって、親鸞や蓮如という個人の弟子ではないということです。そういうことがそこにあげられています。ある意味でこんなことはあらためて言う必要もないことのようです。けれども、この『歎異抄』第六章を見ていただきますと、一番最初に「専修念仏のともがら」という言葉が置かれています。ひたすらただ一筋に念仏の教えに生きているということです。

実は、「わが弟子ひとの弟子」という言い方は、当時では当然のことであったわけです。そしてこれは当時だけではなく今現在も、いわゆる聖道門仏教につきましては、この「わが弟子」「ひとの弟子」ということは非常に徹底しているわけです。そういう自分の学問を修め、行を積み、そして次第に向上して悟りの境地にまで至るという、そういう時には導きの人が絶対的な権威者になるわけで、ある意味では当然な形なのでしょう。お互いに自分はあの先生の弟子なんだ、あの人は自分の弟子だ、ということです。

つまり、この第六章の「専修念仏のともがら」ということを抜きにすれば「わが弟子ひとの弟子」というのは当然な姿であり、それを取り上げる時は、その宗の在り方全体を問い直さなければならないような問題になるわけです。そしてまた、「わが弟子ひとの弟子」という在り方を、専修念仏のともがらにおいて徹底して否定されるのはなぜなのか、ということが問題になるわけです。そこにありますものは、そういう先生の在り方というものは、絶対的な権威を持つ存在として人々に君臨しているわけです。このことがどういうことを引き起こしてくるのかと言いますと、人間が権威を持つという時、そこには必ず人間を一面的にしか見なくなる。人間をそれこそ一人ひとりかけがえのない、その人自身のいのちの重さを抱えて生きているという、その存在をまるまる受け止め、見つめるということがなくなりまして、一つの立場から人間を見ていくということになってしまいます。

いのちの温もりを

もう亡くなられましたが、重兼芳子《しげかねよしこ》さんという作家がいらっしゃいました。晩年は乳癌を患われ、亡くなるまで同じ乳癌で苦しんでいる人々を互いに支え合う集いというものをずっと開き続けて、生きていかれた方です。その重兼さんは、いわゆる股関節脱臼《こかんせつだっきゅう》という病気だったそうです。今だと股関節脱臼は生まれてすぐにでもわかるようですが、当時は生まれてからやがて立ち上がって、歩くようになり、そういう歳になって初めて、違和感に気づくということが多かったようで、その時には大体すでに手遅れになってしまっているということであったそうです。重兼さんもそのために何度も何度も入院しては手術を受けられているのですが、手術そのものよりも後のリハビリの方が、「こんな辛いんなら、もう直らんでもいい」と思うくらいの辛さだそうです。そういう治療をずっと続けてこられた方なのです。

十六歳の時に入院をして手術をされて、歩けませんから退屈で、いつもベットの上で手鏡に窓の外を映して、外の景色やら、人の動きを見て楽しんでおられたそうです。ところが、ひと月に一度病院の玄関に白い壁ができる日がある。何だろうと思ってよくよく見たら白衣を着た病院の先生方、看護師さん全部が入口の両側にずらっと並ばれて、何か偉い先生らしい人がその間を通って入っていく。つまり有名な大学の教授がひと月に一度病院に来られて、病院の先生方や看護師さんに講義をされるのだそうです。それがまさに絶対的な権威を持っておられる、病院全体が迎え入れるような立派な先生なわけです。

その日も白い壁ができて、しばらくしたら看護師さんが車椅子を持って病室に入ってこられた。そしてこの車椅子に乗りなさいと言われた。まったくその日の予定にそんなことはなかったものですから、何事かわからないままに乗って、そして連れて行かれた先が階段教室です。後ろの方が高くなっていく教室で、その偉い先生が病院の先生方に講義をしておられた。どうもその日は股関節脱臼の手遅れになった症状について講義しておられたのだそうです。その教室で先生の前に車椅子で出されて、そしたらその教授が、重兼さんにパジャマを上も下も脱ぎなさいと。ショーツ一枚にさせて、そして足を広げなさい、歩きなさい、跳びなさいと、こう次々と命令される。要するに股関節脱臼が手遅れになってくるとこういう症状が出るし、こういう状態になるんだということを若い先生方の前で重兼さんをモデルにして教えられたわけです。

その時に重兼さんは、権威ある人というのは、人を人間のまま認めてくださらんのだなと、先生にとっては決して股関節脱臼を患っている十六歳の少女として私を見てはくださらなかった。ただもう股関節脱臼の動いている状態でしかなかった。権威ある人というのは、こういう人間の見方ができる人、見方をする人なんだなということを、本当に恥ずかしさと悔しさと、そういう思いを心に刻みつけられたわけです。

当時はそういう病気の人はなかなか結婚などもできないものと決めてかかる雰囲気があった。それに対して重兼さんは非常に積極的に生きられた方でしたから、わずか十七歳で大恋愛をして結婚されたのです。しかも相手の人がお百姓さんで、生活習慣もまったく違う所へ一人入って行くわけです。そういうハンディも背負っておられますし、それでまた大変な苦労をされる。そして妊娠されるんですけれども、体のこともあり、いろんな精神的な問題もあって七カ月で子供が産まれてしまうのです。当時は未熟児を育てる現在の保育器のようなものもありませんから、それこそ寝巻きに着替えて寝床に横に寝たことがないと書いておられますが、積んだ寝床にもたれて時々うつらうつらするぐらいで必死の看護をされるわけです。だけど心労も重なったのかも知れませんが、お乳が出なくなったのだそうです。赤ちゃんが必死に吸い付いてくるんだけれどお乳が出ない。今のように粉ミルクはありませんし、周りにお乳をもらえる人もいなかったそうで、それでいよいよ赤ちゃんは病気がひどくなって結局、亡くなるのです。

亡くなって仕方なく小さな棺にその赤ちゃんを納めて火葬場へ行かれる。そうしたらその火葬場に三十歳ぐらいの若い職員の人がおられて、その方が棺を受け取る。その受け取る時、決して箱を受け取るというような受け取り方ではなくて、生きている赤ちゃんを抱く、そういう形で受け取られたそうです。そして、「どんなにかお母さんは悲しいだろうけれども、僕がきれいにしてあげますから」とおっしゃった。決して焼くとか、そういう言葉でなくて、「きれいにしてあげますから安心してください」と。

そして当時の施設では、特に未熟児の赤ちゃんの骨は、油断したらすぐに無くなってしまいますから、もうずっと火を覗きっぱなしで注意して見て、そしてきれいな骨にしてお骨箱に納めてくださった。その骨箱を受け取る時にふっと自分の胸のところを見たら、喪服に白い色が滲み出てきている。何だろうと思ったらお乳が滲み出てきているんですね。それで重兼さんはパニックに陥られるんです。何で今頃出てくるんだと、あれだけ子供が必死に吸い付いていた時にどうして出なかったんだと。それがもう骨になってしまってから、何で今頃出てくるんだと、自分の体だけれども自分で許せないという、そういう思いを強くされたそうです。だけどその時もその若い職員が「お母さん、どんなにか悔しいだろうけれども、だけどそれは赤ちゃんがもう楽になったということを、お母さんの体が感じ取って、それで乳が出るようになったんで、決して自分を責めることはないんですよ」と、そういう言葉をかけてくださったのだそうです。初め重兼さんは、そのお骨を抱いていっしょに死のうと思っておられたんだそうですけれども、その青年職員の言葉というものが、何か生きる力というものを呼び覚ましてくれた。それこそ苦しむためだけに生まれてきたような子供だけれども、しかしその子供の生涯を胸に刻んで生きていこうと思い直されるわけですね。その体験を小説にされたのが『やまあいの煙』（文藝春秋）という芥川賞の受賞作になって残されております。

そういう重兼さんの、生々しく身をもって体験された言葉ですが、その権威ある教授は、人間を人間として見ずに、医学の発展のために尽くしているという、そういう自分を正当化する、そういうものを自負しておられるわけです。つまり、司馬遼太郎さんの言葉で言えば、「自分の額に正義という名をつけている。そのときには人間はどんな残酷なことでもできる」と、まさにその教授も自分は医学のために正義を行っている。大きな意義があるんだという、そこに立った時に一人の少女の悔しさ、悲しさ、そのようなものはまったく一考もせずに見過ごしていけるということになってしまう。それに対して、およそ権威などというものとは遠い所に立って生きておられる、その火葬場の若い職員の人が、どんなに人間の心というものを深く受け止めてくださったか。

ですから、自分を人の師として立て、あの人は自分の弟子だと、自分の言うことを聞くべきなんだと言って、自らを権威化する時、それはおおよそ念仏の心からは遠く離れた歩みになるわけですね。人間をその一面において、あるいは一つの立場から人間を価値づけすることは、おおよそ念仏の世界ではない。重兼さんがそういう体験をとおして、

美しく、強く、正しくというような、そういう世界は私には生きられません。人間は弱さを持ち、悲しさを持ち、過ちもするんだと、そういうものをまるまる受け止めながら、しかもそこに人間としてのいのちの温もり、歩みを見出してくださる、そうい

う宗教、そういう教えを私は求めずにおれません。

と。これは医学と宗教の研修会という場で、お医者さんの前で重兼さんがお話しになった記録に載っている文章です。何かそういう形で、「わが弟子ひとの弟子」という問題は、少なくとも専修念仏のともがらにあっては、あってはならない事柄なんだと。そこでは念仏の心がすべて失われてしまう。そういうことがここにまずおさえられているわけです。

己が能を思量せよと

ですから「専修念仏のともがらの」と、ただ何でもないように置かれているのですけれども、この言葉を抜きにしますと後の文章は意味を失ってくる。ただ単に個人的な、私はそういうのはどうも嫌だというだけのことになってしまう。そういう問題がここにあるかと思います。そこに、常に同行として、同じ願いを共に生きる者として出会うということがおさえられるわけです。

『華厳経』という経典の中に善財童子《ぜんざいどうじ》の物語というものが伝えられています。五十三人の善知識、よき人を訪ねて歩まれる物語です。一番最初に普賢《ふげん》という人から、この先生の所へ行って話を聞いてごらんなさいと、他の仏者を紹介される。善財童子はその仏者のもとに行く。するとその仏者が近づいて来る善財童子を見たら、童子が先生を拝む前に、先生の方がさっと先に座を降りて童子を拝まれるのです。その先生は自分の身に頷いていることを全部善財童子に語られる。そしてこの私の話では納得いかなければ次にはこういう先生をお訪ねなさいと、次から次へと五十三人の先生方を紹介していかれる。そういうことがあるわけですが、そこには師と呼ばれる人の方が弟子を拝むという形でずっと説かれてあるんですね。

つまりその弟子の中に菩提心を見る、人間として本当に生きたいという、そういう人間としての深い願いがそこに生きられていることを感じ取られる、それが先生なんだと。私を私以上に深く受け止めてくださるのが先生なんですね。先生というのは上に立って何も知らない私に対して、「こんなことも知らんのか、心得ておけよ」と言って説かれるものでない。そうでなくて、その人の中にその人がまだ気づいていない願いがはたらいていることを、その人に先立って受け取られるのが先生なのです。そういう人の言葉に私どもは初めて自分を知らされる、自分に目覚めさせられるということが起こるのでしょう。私以上に私を深く受け止めてくださる。そういう人に出遇う、その時初めて私どもは受け止められ、歩みを支えられると、そういう思いを持つことができるわけです。そこには、「わが弟子ひとの弟子」などということは本来ないことですけれども、それが特別な行を積む道という形になってきますと、だんだん特別な行を伝える自分は権威者だというように、師弟の関係が変わっていくわけですね。それに対して『歎異抄』では、今申したように「専修念仏のともがら」と、こう最初におさえられているわけです。

この「専修念仏のともがら」という言葉ですが、これは東本願寺のテキスト『歎異抄』ですと、下段に「ひとすじに本願を信じ、念仏する人々」と、註が付けられています。まさに意味はそのとおりですけれども、私どもに本当に、一筋に本願を信じ念仏するというようなことが起こり得るのか。実はそういうことが自分自身の生な問題としてなかなか響いてこないということがあるのではないでしょうか。

この専修念仏の人々というのをもう少し具体的に申しますと、ご承知のように「正信偈」の源信僧都《げんしんそうず》(九四二〜一〇一七)の徳をうたわれてありますところに「極重悪人唯称仏《ごくじゅうあくにんゆいしょうぶつ》」という言葉があげられています。そしてこの言葉を親鸞聖人が大変大事に詠んでおられまして、いわゆる『教行信証』という、私ども真宗門徒にとって根本の聖典ですが、その一番最後の巻が「化身土巻《けしんどのまき》」と呼ばれています。その「化身土巻」の中に、あらためて自力で、自分の力で善根を積んでそれで救われていこうとする、そういう在り方を批判される箇所がありますが、その結びのところにこの言葉があげられています。

爾《しか》れば夫《そ》れ楞厳《りょうごん》の和尚《かしょう》（源信）の解義《げぎ》を案《あん》ずるに、「念仏証拠門《ねんぶつしょうこもん》」（往生要集）の中《なか》に、第十八《だいじゅうはち》の願《がん》は別願《べつがん》の中《なか》の別願《べつがん》なりと顕開《けんかい》したまえり。『観経《かんぎょう》』の定散諸機《じょうさんしょき》は、「極重悪人唯称弥陀《ごくじゅうあくにんゆいしょうみだ》」と勧励《かんれい》したまえるなり。濁世《じょくせ》の道俗《どうぞく》、善《よ》く自《みずか》ら己《おのれ》が能《のう》を思量《しりょう》せよとなり。知《し》るべし。

（聖典第二版三八五頁）

そこに「爾れば夫れ楞厳の和尚の解義を案ずるに」、源信僧都が顕らかにしてくださったことを案ずるに、「念仏証拠門」の中に、これは源信僧都がお書きになりました『往生《おうじょう》要集《ようしゅう》』の中の「念仏証拠門」と名づけられた章、その章の中に、「第十八の願は別願の中の別願なりと顕開したまえり」、こう顕らかにされたと。そして、「『観経』の定散諸機は「極重悪人唯称弥陀」と勧励したまえるなり」と。「正信偈」では言葉の数の制約がありますので「唯称仏」というように「仏」となっていますが、元の『往生要集』の文で「唯称弥陀」とあるわけですね。そして、「濁世の道俗、善く自ら己が能を思量せよとなり」と。その結びに、まさに「知るべし」と、こういう言葉を添えておられます。

　これは親鸞聖人のお書きになった『教行信証』におきましても、特にこのこと一つを心に刻んで欲しいと願われるところに、このまさに「知るべし」というこの言葉を置いておられる。簡単に言えば、人間としてこのこと一つを心得て欲しい、はっきりと知って欲しいと、そういうところにまさに「知るべし」というこの言葉を親鸞聖人は置かれています。

ある意味では聞法というようなことも、仏法について幅広く知識的に学ぶということも当然それはそれで大事なことですけれども、しかし根本はやはり、まさに〝知るべきこと〟を学ぶ、聞くということにあるのだろうと思います。そこにまさに「知るべし」という言葉で何を知るのかと言うと、この言葉の上で言えば、「己が能を思量する」ということが大事なんだということです。自分の本当になし得ることが何なのか、あるいはどれだけあるのかです。よく聞く言葉で言えば、分限《ぶんげん》を知るということです。その言葉に立って、「極重悪人唯称仏」という言葉が私どもの在り様というものを照らし出す言葉として置かれ、「己が能を思量せよ」と促されているわけですね。

極重悪人

それで問題は、この「極重悪人唯称仏」、これを読みましても、私どもは「極重悪人」というのが自分のことだとは思いません。「極重悪人」というのが人間の在り様だと口には言っていましても、自分は除外されているというのが常ですね。振り返りまして私なども七十三年、生きてくる間には、まことにちまちまとした悪いこともいろいろとしています。決して悪いことなどしていないなどとは言えません。だけどまた、極重と言われるほどの悪いこともしていないという思いがあります。その「極重悪人」という言葉が、なぜかするりするりとすり抜けていくわけで、身に突き刺さらないということがあります。

ですけれどもこれは、今日あらためて思いますと本当に、単に自分個人だけでない人間としての在り方ですね。「悪人」とありますけれども、この「悪人」は決して何か悪いことをしたという、善人に対する悪人ではありません。同じ「正信偈」には例えば「一切善《いっさいぜん》悪凡夫人《あくぼんぶにん》」というお言葉がありまして、つまり善人であれ悪人であれすべて人間は「凡夫人」だと、こういう言い方がされています。この「善悪」はいわゆる世間的に善人だ悪人だと言われるそういう区別です。あの人は世の中のためいろいろと本当に立派なことをしておられる善き人だと。それに対して、この人は、というようなことで、善人だ、悪人だと色分けしていますが、人間である限り善人であれ悪人であれ、おおよそ人間はすべて凡夫だということを顕らかにしてこられたのがこの浄土の教えです。

その凡夫というのは、『仏説観無量寿経《ぶっせつかんむりょうじゅきょう》』（観経《かんぎょう》）では韋提希《いだいけ》に向かって「汝《なんじ》は是《こ》れ凡夫《ぼんぶ》なり」（聖典第二版一〇三頁）と、釈尊がおっしゃって、そしてそこに「心想羸劣《しんそうるいれつ》」、そして「未得天眼《みとくてんげん》」と、こういう言葉で凡夫ということをおさえてあります。「心想羸劣」というのは意志薄弱という意味です。なかなか思い立ってもそれを貫けない。言い換えますと、常にその状況に動かされて生きている。善だ悪だということにおきましても、状況が変わればいっぺんに善悪のレッテルが変わってしまうということがあります。そこでは私は状況が変われば何をしでかすかわからない存在だというのが「心想羸劣」ということです。縁あれば「いかなるふるまいもすべし」（『歎異抄』第十三章）というあのお言葉のとおり、私どもはそういう状況になったらどういうことをしでかしていくか。

開高健《かいこうたけし》という方の『最後の晩餐』（文藝春秋）という書物がありますが、その中で、いわゆるアウシュビッツという、大変な数の人をガス室で殺した、そういう現場で働いていた人というのはどういう人なんだろうということを開高さんが訪ねて歩かれるわけです。そして、かつてアウシュビッツで働いたという人の所へ行ってはいろいろと話を聞いておられる。その文章の中で、その人たちはみんな本当に町のどこででも出会うニコニコおじさんだったと書いておられるのです。日常生活の中では、何もないところでは本当に人のいいニコニコおじさん。そのニコニコおじさんがひとたび、ああいう状況の中でああいう場に立たされると、毎日毎日、人の命を奪うような作業に携わっていけるという。本当にどうしてこの人がそこで働けたんだろうと。もちろん働かなければ殺されるということもあったのでしょうけれども、それにしても人間というものが、いかに状況によって変わってしまうものか。

それはその人だけがそうだということでは決してないでしょうね。私どもは自分自身しっかりした信念を持っているつもりでいても、置かれる状況によって何をしでかすか、本当に、絶対に、自分だけはと言えない存在だということがあります。まさに「心想羸劣」でしょう。

そして「未得天眼」、「未だ天眼を得ず」。天眼というのはつまり先入観なしに見られる眼《まなこ》です。私どもはものを皆、先入観を持って見る。分別を持って見ているわけです。ありのままを見て、それから判断して価値づけしているのではないですね、見た時にもう価値づけをしている。これは美しいとか、これは役に立つとか。天眼というのはそういう分別を破って、分別に汚されることなしにありのままが見られる眼、それを未だ持っていない。そして『観経』では続けて「遠《とお》く観《み》ること能《あた》わず」と、こういう言葉があります。つまり、今自分がしていることがどういうことをもたらしてくるかまったく見通せない。見通せないままで、今の状況の中で判断し行為を起こしているということがあるわけです。それは私どもが私どもの理性、理知によって人間中心に、それこそ人間の文明と快楽を追い求めて営んできた行為が、現在いろいろな形で私どもの生活の根っこを脅かしてきているということがあります。まさにそれは「遠く見ること能わざる」人間の理知。その理知に頼って、その理知を何よりのものさしとして地球を切り刻んできた。その結果がもたらしている事柄です。

ですからこの「凡夫」についてもう一つ言えば、〝愚かなるもの〟と、そういうことを思わざるを得ない。それはただ自分を、自分の体を、自分のいのちを損なうだけではない。自分がそこに生き、そのおかげで生きているものそれ自身を破壊し続けているという、それはまさしく極重悪人でしょう。

これも繰り返し申していますが、仏教において「悪」という字は必ずしも「善」に対する「悪」ではなくて、ここでは「嫌悪」という時の「悪」なのです。いわゆる世間的なものさしで言えば、悪とは言えないこと。みんなの生活を便利にするとかですね、その意味では悪と言うわけにはいかないでしょう。だけどそのような行為の全体は振り返ってみれば、まさに人間として嫌悪すべき在り方であった。つまり人間の本来性を失っていくような、人間としての本来のいのちを引き裂いていくような在り方、営みを、私どもは重ねてきている。そういう私どもの身の事実というものを本当に思い知らされます時、それこそ自分一人の身の上にいろんな善行と言われるそういうものを積んで、そして一つの境地に到達するようなそういう道は、もはや歩むわけにはいかないということがあります。そこに文字どおり「共に」ということが成り立たなければならないのです。

自分自身と共に生きる

よく一般にも使われる言葉ですが、「共生」ということが言われます。「共に生きる」と。いわゆる仏教を貫くものとして「普《あまね》く諸《もろもろ》の衆生《しゅじょう》と共《とも》に」（『浄土論』「願生偈」聖典第二版一四八頁）ということが根本の姿勢としてあるわけですけれども、ただ「この共に生きる」ということが、ともすれば、それこそ周りの人々、さらに言えば、周りのいのちあるものと共に生きると、そういう意味で使われています。そして、どうすればすべてのいのちあるものと共に生きていけるのかという問いを抱えていくわけですけれども、私には周りのすべてのものと共に生きるというそのことのためには、実はまず自分自身と共に生きなければならないのではないかという思いがあります。

自分自身と共に生きるなんていうことは、あえて言わなくても生涯自分自身と共に生きているんじゃないかと言われますけれども、よく考えてみると、どこまで自分のいのちの事実を引き受けて生きているか。それこそ自分の現実を見ずに夢を追って、何か理想を求めて生きているのではないか。「強く、正しく、美しく」、それだけが人間かと言うと、そういうことでない、自分の中に見出されてくる「弱さ、愚かさ、醜さ」、そういうものと共に生きるということができなければなりません。自分自身の中にそういうものが見出されていき、しかもその事実を引き受けて、受け止めて生きていくという、そういう歩みが呼び覚まされなければ、周りの人と「共に」ということは決して開かれてはこないのではないか。やはり醜い者を排除し、弱い者を軽蔑しということを離れないのではないか。身の事実を振り返れば決してそんなに美しくない。だけど私どもはそういうものから実はいつも目を背けている。

そのことができると思い込んでいる限り、念仏なんていうのは遠い話です。念仏して何の意味があるんだ。念仏なんかしてどう変わるんだと。だけど、そのことを離れて自分の現実はない。その現実を共に生きていくほかないと、まさに自分自身と共に生きていく。事実と共に生きていくという、そういうことに身が定まる時、それはもう何とか努力してとか、対策を考えてとかそういうことでは解決できない問題に本当に頭が下がるということがあります。東大のある教授も先日、新聞に現在の世界情勢というものを書いておられて、そして最後のところに「もう一度人間は人間を悲しむ心を回復しなければならないのではないか」と、自分の在り方を悲しむ、人間の在り方を深く悲しむ、そういう悲しむ心というものを取り返さなければもう未来はないのではないかということを書いておられました。

先日亡くなられた水上勉《みずかみつとむ》さんも「もし人類に未来があるとすれば、それは悲しむ心を回復することだ」と、同じようなことを語っておられました。そしてその意味では親鸞聖人を貫く一つの心は自らを悲歎する、人間を悲歎する心ですね。悲しみ歎くその悲歎の心がずっと一貫して語られています。そしてその悲歎の心は同時に、その私が今生かされてあることの驚き、喜び、そういうものとして知恩の心という、そこに親鸞聖人にあっては悲歎の心と、恩を知る知恩の心というものが表裏となってその生涯を貫く心としておさえられています。

そういう悲歎と知恩というその二つの心というものにおいて聞き取られ、頷かれ、伝えられてきたものが念仏の道なのです。そこに何よりもまず大切なことは、私どもは今日、

「極重悪人」という言葉を何か遠い、ただの書物、聖典の上だけの話として見過ごしてきてしまっている。そういう私どもがまさしくその事実に目覚めその事実を深く悲しむという、そういう心を回復する、そのほかにはないのではないか。悲しむ心がない時、どこまでも私どもの在り方は自己中心であり、人間中心であることを超えられないのでしょう。そういう問題があります。

だからこそ、専修念仏の者、悲歎と知恩の心に頷き歩む者に、「わが弟子ひとの弟子」などという主張が生まれてくるはずがないのです。そこに「専修念仏のともがら」という言葉で語られてきます第六章の意味があるかと思います。またそのことが、「親鸞は弟子一人ももたずそうろう」という言葉が念仏の世界、真宗の世界を語る言葉として伝えられている意味なのだと思います。

三　念仏者の歩み ―歎異抄 第七章―

歎異抄 第七章

一　念仏者《ねんぶつしゃ》は、無碍《むげ》の一道《いちどう》なり。そのいわれいかんとならば、信心《しんじん》の行者《ぎょうじゃ》には、天神《てんじん》地祇《じぎ》も敬伏《きょうぶく》し、魔界外道《まかいげどう》も障碍《しょうげ》することなし。罪悪《ざいあく》も業報《ごうほう》を感《かん》ずることあたわず、諸《しょ》善《ぜん》もおよぶことなきゆえに、無碍《むげ》の一道《いちどう》なりと云々《うんぬん》

（聖典第二版七七〇頁）

身の事実を生きる

この第七章は強い響きを持った言葉で始められています。この「念仏者」という言葉は、「ねんぶつは」と読む読み方と、「ねんぶつしゃは」と読んで「者」という字を、意味を持った字として読む場合があります。しかし、私は、これは「ねんぶつしゃは」と、読むべきであると思います。なぜなら、その後から「信心の行者には」という言葉で受け止められまして、「天神地祇も敬伏し、魔界外道も障碍することなし」と、こういう言葉で、念仏者の在り様というものがおさえられてきますから、やはり「しゃ」と、こう読むべきだと思っています。

それでそこに、「念仏者は、無碍の一道なり。そのいわれいかんとならば、信心の行者には」と受け止められまして、そして「天神地祇も敬伏し、魔界外道も障碍することなし。罪悪も業報を感ずることあたわず、諸善もおよぶことなきゆえに」と展開されています。何か非常に強靭な精神の持ち主になるかのごとくですね。何者にも碍《さまた》げられない、何事にも恐れを持たない、そういう在り方を述べられてあるように、ともすると受け取りがちです。けれどこれはそうでないのでしょう。この念仏者というのは、つまり「罪悪深重・煩悩熾盛」(第一章)の凡夫の自覚、凡夫としての自らを深く受け止めた姿ですね。

「俺は何者にも碍げられないぞ」と、そういうことではない。自らを「煩悩具足の凡夫」と。つまりわが身の事実に頭の下がった人です。頭を下げるのではなくて、それこそ思いを超えて頭が下がった、そういう姿が念仏者です。その念仏者を貫いているものは、わが身の事実に対する深い悲歎の心と、そしてその自分が自分の人生を投げ出さずに人間として生きてゆける、そういう世界を賜った。それに対する深い恩徳を感ずる心、知恩の心ですね。つまり念仏者というのは懺悔《さんげ》の心と知恩の心に生きる者です。

私どもの現実を振り返りますと、本当に常にいろんな不安を抱えて生きています。どういう事態に遭遇するか、本当に明日一日ということもわからない。そのために私どもは多くのいろんなものにすがり、具体的にはお守りをいただいたり、神々にすがったりということがあるわけですね。

かつてある青年から、「お寺さんは、例えば自動車にお守りを貼ったりするのは迷信だと教えてくださる。だけど、私たちでもお札を貼っておけば事故に遭わないとは思っていない。けれども貼らずにおれないことがあるんだ。そういう気持ちをお寺さん方はわかっておるのか」と。そういう言葉をお聞きしたことがありました。そうなのでしょうね、これさえしておけば万々歳ということでは決してない。そんなことを思っている人はほとんどいないでしょう。だけど貼らずにおれないものがある。交通安全なら何々神社と、そのお札をもらって、ちゃんと身に着けていたのにこういうことになった。これはもう仕方がないと。あきらめるということが一つにはあるのかもしれません。もし貼ってなければ、お札をもらっておればよかったのに、というようなことを思ってしまうこともあるでしょう。ただいつもそういうものに執われ、縛られて、その意味ではやはり、私どもはウロウロと迷いを重ねているということがあります。

天神地祇も敬伏し

そこに、第七章にあげられてありますものは、先ほど申しましたように、本当に身の事実に頭が下がった念仏者の在り様です。ここに、「天神地祇も敬伏し」とありますが、これだけを見ますと、何か天の神・地の神が念仏者に向かって頭を下げられ、敬い、屈服されると。そういうことのようにのみに思ってしまいますけれども、これはそうではありませんね。敬伏というのは、お互いにということがあります。一方的に、ただ一方の方に対して敬伏する。敬伏される方は知らない顔をしていると、そういうことではない。人の間で敬うというのは、必ず敬い合うという世界が開かれるのであって、自分の思いで敬伏するのではありません。お互いに敬伏せずにおれない世界に目覚めてゆくのです。

天の神・地の神ということで、作家の立松和平《たてまつわへい》という方がお米の問題について執筆されるにあたって、二年間ほど東北のお百姓さんに弟子入りと言いますか、その家に入っていわゆる農業の仕事というものをずっと学ばれた。その立松さんの先生になられたお百姓さんが、「百姓の仕事は祈りに明け、祈りに暮れる生活なんだ」と、こうおっしゃったと。つまり三十年仕事をなさっているといっても、米作りはわずかに三十回しかしていないんだと。三十年農業に従事しているといったら、もう大ベテランと思われるわけですけれども、米作りということから言えば、年に一回ですから、結局ようやく三十回であると。そこではまだまだわからないこと、思いを超えた天地のはたらきということがある。だから本当に自然と言いますか、天地の恵み、あるいは営みというものを身に受けてそういう仕事に生きている人々は、自ずとそこに祈りの心を持つ、ということをおっしゃっていました。

そういう祈り、敬う、敬伏する心において天地を感ずるわけであって、その世界というものを表して「天神地祇も敬伏し」と、こう言われるわけです。念仏者が偉いから天の神・地の神も頭を下げられると、そういう話では決してないのでしょう。深く共にはたらき合っている、そういう世界というものを身に受けておられるということですね。

それから「魔界外道も障碍することなし」。この魔界外道とは何かと。それは自分自身の姿です。念仏者とは自己を魔界外道の者として深く懺悔する者でしょう。魔界外道でない自分というものを守り固めようとすると、どこまでも魔界外道に障碍される。しかし、まさしく魔界外道の中に自分を見出し、その中に自分を聞き取っていく。そういう時、「魔界外道も障碍することなし」ですね。

その次に「罪悪も業報を感ずることあたわず」と。この業報。「業」という言葉は一口で言いますならば行為ということです。そして行為というものは、たとえ瞬間的な行為であっても、その一瞬で消えてしまうものでは決してないわけです。私たちの行為の根っこにあるものは煩悩であり、迷い、惑《まど》いです。その惑いにおいて起こされた業、それによってわれわれはいろいろな苦を感ずるようにされていく。「惑業苦《わくごうく》」という移りゆきです。その苦がまた私どもを惑わすわけです。私たちの日常生活というものは、この惑・業・苦が展開しながら輪のように絶えず続いてゆくので「道」という言葉で表され、「業道」という言葉もあります。第七章で「業報」というのは、文字どおりその業がもたらすところの報いという意味です。それで惑によって、もたらされるその罪悪の業、それが苦の報いを感ぜしめると。これが私どもの普通の姿です。

ところがここでは、「罪悪も業報を感ずることあたわず」と、こうおっしゃっているのです。そうしたら念仏者はたとえ罪悪を犯すようなことをしても、その業報を感ずることなくケロンと生きていけると、そういうことなのか。何をしたって何の報いも受けない。何の思いも持たない。そういうことならこれはまた逆に一生はただ上滑りしていくだけで終わるということにもなりますね。念仏者の在り方、信心の行者の歩みはただ上滑りして、事もなく過ぎていくということなのでしょうか。

業道を超える

この業報ということに関わることですが、

業道《ごうどう》は称《はかり》の如《ごと》し。重《おも》き者《もの》、先《ま》ず牽《ひ》く　（『教行信証』信巻・聖典第二版三一一頁）

という言葉があります。これは曇鸞大師の『浄土論註』のお言葉ですけども、私たちは毎日いろんな行為を重ねています。ですからそれぞれの業が、それぞれの報いを生むわけですが、それが称のごとく、まず一番重いものの方に傾いていく。「重き者、先ず牽く」と、こういうことがあげられているわけです。

どういうところからこんな言葉が出てきているのかと言いますと、『観無量寿経』という経典、そこに人間的な根機、宗教的な感覚、あるいは宗教的な営みに対する能力、そういうものにおいて人間というものを九つに見分けるということがありまして、「九品《くほん》」ということで説かれています。その中で宗教的な感覚や機能がもっとも劣った者、これを「下品下生《げぼんげしょう》」と呼ばれています。それは生涯、五逆十悪《ごぎゃくじゅうあく》というありとあらゆる悪を重ねてきたその人が、いよいよ命終わるという時に、たまたまよき人にすすめられて念仏申す。その十念の念仏によって下品下生の人が浄土に往生を得ることができると。そういうことがこの『観無量寿経』には説かれてある。それに対して曇鸞大師が問いを出して、「業道は称の如し。重き者、先ず牽く」、それが道理であると。そうしたらその人の人生が何十年であったのか、私の歳で言えば七十四年間も、ありとあらゆる悪を重ねてきた。その業と、死ぬ直前の臨終の十念の念仏と、どちらが重いのか。七十余年積み重ねてきた悪業の方が重いのが当然でないのか。その業の報いを受けずに、わずか臨終の十念だけで往生できるというのは道理に合わないではないかと。そういう疑問を出して、それに答える形で業の問題を曇鸞大師は開いていかれるわけです。

そして結論から言いますと、実は「重き者」というのは、そういう量の問題ではないんだと。量から言えば七十余年積み重ねた悪業の方が重いに決まっています。だけどそうではない、業の重さというのはあえて言えば質の問題なのです。

例えば、ある人が一日の生活のほとんどをいつものとおり、ただ何となく過ごしていたとします。だけどその人が例えば、交通事故を起こしそうになって、人を轢《ひ》きそうになったり、逆に自分が轢かれそうになったり、そういう体験をしたら、その一日の中でその人の心は、ずっと一瞬の事故の、あるいは事故に出遭ったその時の思いで満たされてしまいます。何となくしていた、たくさんの営みよりも、ただ一瞬であってもそれこそ顔色が真っ青になり、頭が真っ白になり、という体験の方が心に残る。人間の在り方を決定するものは、時間的にこれの方がずっと長くしているからと、そういうところにあるのではない。

そうではなくて、そこに質というものを吟味するのに曇鸞大師は「三在」ということをおっしゃいます。

汝《なんじ》、五逆《ごぎゃく》・十悪《じゅうあく》・繋業等《けごうとう》を重《じゅう》とし、下下品《げげぼん》の人《ひと》の十念《じゅうねん》を以《もっ》て軽《きょう》として、罪《つみ》の為《ため》に牽《ひ》かれて先《ま》ず地獄《じごく》に堕《だ》して三界《さんがい》に繋在《けざい》すべしと謂《い》わば、今当《いままさ》に義《ぎ》を以《もっ》て軽重《きょうじゅう》の義《ぎ》を校量《きょうりょう》すべし。心《しん》に在《あ》り、縁《えん》に在《あ》り、決定《けつじょう》に在《あ》り。時節《じせつ》の久近《くごん》・多少《たしょう》に在《あ》るには不《あら》ざるなり。

(同・聖典第二版三一二頁)

三つ名前をあげておきますと、「在心」「在縁」「在決定」、この三つによって行為の重さは決まるんだと。こういうことを曇鸞大師はおっしゃっているわけです。たとえ一瞬であってもそれが全体を決定するという。このことにつきましては古来、仏教では喩えが使われますが、「一処百年の闇室、一灯よく破るが如し」と。百年間真っ暗で闇に閉ざされていた部屋で、闇が俺は百年ここにおるんだと、いくら言いましても、灯火が一つ入ってくれば、一灯はたちまちにしてその闇を破ってしまう。その一瞬に闇が晴らされる。時間の量から言えば、その一つの灯火は部屋に入れられるその一瞬です。だけど一瞬が百年を破るんですね。そのように量で計ることのできないそのものの質によって行為の重さは決定されるという、そのことを曇鸞大師は「在心」「在縁」「在決定」という三つの言葉で吟味していかれるわけです。

問い直される宗教心

まず「在心」、行為の重さを決めるものは心に在ると。いかなる心に依ってなされているのかという、その行為をしている心に依って行為の重さは決まるんだと。これが「在心」です。つまり、ただ何となくとか、とりあえずという心で行っていることであれば、それは何か目の覚めるような思いで「ああ、こういうことだった。こういうことがあった」と、感動をもって迎えた一瞬によって、それまでのだらだらした時間は一遍に破られてしまう。そこに、どういう心によってその行為がなされているか。そのことが業の重さを決定する。こういうことがそこにおさえられています。

これは今日の問題としましても、例えば、私たちは宗教というものを、それが正しい宗教か迷いの宗教かということを問題にする時に、だいたい何を信じているのか、そしてその信じている教えはどういう内容なのかと、そういうところでそれは真か偽りか、正しい宗教か迷いの宗教かと見分けようとします。しかし、親鸞聖人が決定していかれましたのは、どういう心で信じているのか、どういう心でその信心を生きているのか。その宗教心そのものを厳しく問うていかれたのです。

たとえどれほど信じている宗教の内容が道理に合い、最高の理論を持った教えであっても、その宗教を信ずる心が、それこそ自分のため、自分の思いを満たすため、そういう心に立っているなら、それは自らも迷い、周りの人をも迷わせるような姿になってしまう。それが正しい信心の在り方かどうかは宗教心そのものを深く見なければならない。

そういう宗教心そのもの、念仏の法を生きる心を徹底して問うていかれたのが、親鸞聖人の歩みです。念仏の法は真実である。だけど念仏の法に生きている自身は真実の心があるのか。そこに親鸞聖人は一つひとつ、その本願の心に生きる自らの在り方に照らして、そこに「真実《しんじつ》の心無《しんな》し」「清浄《しょうじょう》の心無《しんな》し」（『教行信証』信巻・聖典第二版二五四頁）と、自らを振り返らされ、照らし出される。それからもう一つ「真仏弟子《しんぶつでし》」（同・聖典第二版二七八頁）ということをあげられます時には、「柔軟心《にゅうなんしん》」という。この真実の心、清浄の心、柔軟心、この三つの心を親鸞聖人は問うていかれます。

この真実の心の在り方が、今現在も大きな問題となっていますね。同じ宗教にあっても毎日のようにテロが起こって、死傷者も出ています。そこには、いわゆる原理主義というところに立って、この教えこそ真実だということが掲げられているわけです。けれどもそこにおいては清浄の心とか、柔軟ということはなかなか問われてこないのです。

清浄の心というのは、「俺は清らかだ。お前たちは汚《けが》れている」と。そういうのは清浄の心ではありません。清浄の心というのは、周りを清浄にしていく心です。お浄土とは、清浄の国・清浄の土。それはその世界だけが清浄だというのではありません。周りを清浄にしていく世界というのが、浄土の意味です。清浄にする、つまりその人の在り方が周りの人々の中に清らかな心を呼び覚ましてくる。人間の中にはやはり、汚れた心と同時に賜っている清浄な心があるのでしょう。本当に人のために涙する心がある。だけど普段そういうものは、自分の思いによって覆われて、自らにそういう心があるとも思わない。

先の阪神淡路大震災の時に、詩人でいらっしゃいます金時鐘《キムシジョン》さんが「朝日新聞」（「苦難と人情と在日同胞」一九九五年二月十五日）に文章を寄せておられまして、その終わりの言葉が、今も忘れられないんですね。「このたびの惨禍では、蘇ったものも小さくはない。なくしかけた人情を思い返したことであり、他人でさえいとおしく思えた自分を、自分で見いだしたことの熱さである」と。

自分も大変な被害を受けたけれども、周りの人を大丈夫かと案じ、周りの人の姿に涙する。そういう自分というものに触れた。自分の中にこういう心があったのかと感動する。そういう体験がもたらされた。だから失ったものも大きいけれども、しかしそこに賜ったものも実に深いということを書いておられました。何かそういう自分でも驚くような心が、自分の中から呼び覚まされてくるということがあります。そういう人々の清らかな心を呼び覚ますような心、それを清浄心と、こうおっしゃるのでしょう。周りを傷つけたり、否定したり、見下したりするような心は清浄心ではもちろんない。宗教に生きる心でもないのでしょう。真か偽かというそういう判定よりも、具体的には本当に人を清浄にする心なのか。人々を清浄にするような世界を開く教えなのか。そのことを仏教はずっと問うており、そのような清浄ということが仏教の教えを貫く言葉なのです。浄土という言葉もそこから生まれていますし、そういう清浄心ということを、浄土を顕らかにされた曇鸞大師は繰り返し、繰り返しあげておられます。

それから柔軟心。柔軟な心というのは自分と違う、自分の思いとは違う在り方を受け入れると言いますか、そういう在り方に心を開いていく、それが柔軟な心ですね。つまり自分の体験とか、自分の思いに閉ざされない。だいたい、聞法というのは柔軟心の営みです。聞法するということは何か言葉を自分の中に詰め込んでいくことではないですね。逆にそういう言葉にしがみついている自分が破られていくことなのです。

東大寺の別当《べっとう》をなさり、また華厳宗の管長もされていました清水公照《しみずこうしょう》さんから、湯葉《ゆば》屋《や》さんの話を聞かさせていただいたことがあります。若い頃、奈良で修行をしておられて、乞食《こつじき》をして歩く家の道筋に一軒、湯葉屋さんがあった。その湯葉を作っている人の仕事を見ていると、温められた豆乳はすぐに薄皮が張るわけです。それを巧みにすくい上げて、そして干して湯葉にしていく。しかもそれはすくえば、すくうそのすぐ下から薄皮が張る。それをまたすくう。繰り返し繰り返しすくい続けていく。それを見ていて「ああ、これなんだな」と思われたと、このように清水先生はおっしゃっているのです。

まさにその聞法というのは、薄皮をはがすことなのです。自分の心に張る薄皮です。私たちは良い体験をすればするほど、それを一生懸命握りしめる。それが厚い皮になってしまうのでしょう。それを常にはがし続けていくのが「聞」ということです。それが今までの自分の聞いたこと、体験したこと、それに執われる心をはがしはがしていく。

清水先生は、せせらぎの水が清らかで、澱《よど》みの水が濁っていると。ちょうどそのように流れ続けている水は清らかだと。同じようにはがし続けられている心、そこに清らかな心が生まれ、また常に新しい事実に目を開かれ、心を開いていく。そういう柔軟な心が呼び覚まされてくると、おっしゃっているわけです。

そういう柔軟、清浄の心を開くような、そういう心によって起こされた業か、そうではなくて、自己こそ絶対だと、正義に生きる者だと自負するような心に立って行われた業か。目覚めの心によって営まれたことか、ただ思いに閉ざされた心で営まれた行為か、行為の重さを決めるものは、そういう心にあり、ということをおさえられてあるわけです。どれだけ長く続けているかということよりも、そういう心に在り、「在心」ということをまず最初に曇鸞大師はあげておられます。

そして「在縁」という言葉。因縁と申しますが、因というのも、縁というのもどちらも「よる」という字ですね。要するに「在縁」というのは、まずその心を、宗教心を吟味すると言いましてもそれは何に依って吟味されていくのかということがおさえられるわけです。自分の心で自分の宗教心を問い直すことなどできないのです。問い直す心もちゃんと分別の心だからです。

そこに私どもは宗教心の吟味、こういうことを言いますが、その吟味をさせるものは何かと言いますと、出会った世界、出会った人なのです。親鸞聖人において宗教心の吟味ということが徹底して尽くされたのは、私はやはり聖人が越後に流罪《るざい》になられてからだと思っています。そこで出会われた越後の人々。それは文字どおり善悪などを超えて、いのちの事実をたくましく、身の事実のままに生きている、そういう人々の姿に、ある意味で親鸞聖人は言葉を失われたと思うのです。今まで自分の世界を築いてきた言葉が全部消し去られてしまうような体験をされた。

森龍吉《もりりゅうきち》先生は親鸞聖人における越後時代は沈黙の時代だとおっしゃっています。事実、越後時代にはあまり教化の跡が見えません。関東に移られてから念仏の僧伽《さんが》が開かれてくるのですが、越後の間、親鸞聖人はほとんどそういう教化活動をなさっていない。その意味で沈黙の時代と。森先生もこの沈黙ということに深い意味を感じておられるわけですけれど、私はその意味では沈黙というよりは何か言葉を奪い取られた時代というような思いを持ちます。ただ自分の意志で沈黙しているということではない。語ろうにも語れない、そういう人間の事実に出会われた。そこに立って自分の宗教心が問い直されてきた。結局自己満足に陥っていたのでなかったのか。その人々に語る言葉を見出せない。そういう出会いをとおして、初めて自分が問い直されるということがあるのでしょう。

何か道を歩む時、大事なことはどういう人を自分の視野の中に入れているかということではないかと思います。人間として生きていく時、私たちの心の中にどういう人の姿が常に受け止められているか。「よき人」と呼ばれるそういう人の姿というのはもちろんですが、しかしまた私の思いを突き破るような、文字どおりいのちの事実そのままに生きている、そういう人の姿。あるいはそれこそ差別をされて生きておられる人々、いろいろとハンディを背負って、しかもなお一人の人間としてまっすぐに生きておられる人々。そのように、どういう人の姿が私の視野の中にいつも刻み込まれているか。そのことが私の歩み方を大きく決めてくると、そういうことを思います。ただ私どもは出会っていながら見ることができないと、そういうことがあります。

例えば、見るということ、あるいは聞くということにしましても、「見聞」という言い方と、「視聴」という言葉があります。それで、これは経済学者だそうですが、山田善彦《やまだよしひこ》さんという方の言葉が、十年以上も前の「毎日新聞」に出ておりまして印象に残っています。

見聞を広める。テレビを視聴すると言う。見聞がものを広く見聞きするのに対し、視聴には対象を絞って見聞きするニュアンスがある。見聞は広角レンズ。視聴は顕微鏡。同じ聞くでも聴の方は聴診器、お医者さんの聴診器で聴くというように専門家の聞き方だが、聴いても全体としては何かが向こうから聞こえてこない。むしろ下手をすれば聴けば聴くほど、そのものが全体として発している音を聴きそこなうということが得てしてある。

専門的に、厳密に集中して、対象を絞って見聞きする、それは細かに、かすかな音も聞き取れるかもしれない。けれども全体としてそのもの自身が発している音を聞き取ることができなくなる。つまり自分の方から捉えていくわけですね。自分の方から対象に対してはたらきかけて、そして自分の方で聞き取ってくる。だけど大事なことは、そのもの自身が私に語りかけてきている全体としての声なのではないか。その語りかけてきている全体としての声を逆に聞き漏らすことになってしまう。そういう専門的な聞き方というものは非常に厳密な聞き方のようだけれども、逆に全体としては非常に偏《かたよ》った聞き方になってしまう。そういう恐れがあると。だからそのことを忘れてはいけないということですね。そういう意味で私どもは人に会うと言いましても、なかなか本当にその人そのものを見るということができないのです。

曇鸞大師が「備《つぶさ》に衆機《しゅき》に省《はぶ》く」（『教行信証』証巻・聖典第二版三三八頁）とおっしゃっています。つまり人々を見るという意味ですが、ここで「省」とは、省察という言葉がありますように、顕らかに見るということです。しかしその見るという意味のこの「省」の字は、目に矢が突き刺さった形なんですね。そのもの自身が目の中に突き刺さる。その存在が目に突き刺さる。つまり、もう目をそらすことも、あるいは目を閉じることもできない。一度見てしまったら、もうそのものから目が離れない。そういう出会い方、見方です。つまり「備に衆機に省く」とは、自分の思いで相手を理解するのでない。相手の存在が目の中に飛び込んできて離れない。そういう在り方において初めて私どもは本当に人と出会い、自分の在り方が問われてくる。そこに自分の思いが突き破られてくるということが起こってくるかと思います。

つまり「在心」に続いて「在縁」ということは、具体的には世界や人に出会うということ。どういう世界に出会い、どういう人に出会っているのか。そのことがその行為の重さを決定するということですね。

そして最後に「在決定」と。その在決定というのは、一生涯悪を造り続けてきた人が、その臨終に十念の念仏を申す時に依り処とする「決定の心」、その内容である「無後心《むごしん》・無間心《むけんしん》」（聖典第二版三一三頁）に、行為の重さが決定されるということです。

「無後心」というのは文字どおり、後がないという心です。臨終の十念というのは、まさにその後がないという心に立っているわけです。もうまた明日から出直しすればいいと、そういうわけにいかない。明日という日を頼めない。そういうまさに後がないというところに立った時、こんな私でも必死になるということがありますね。私どもはそのうち、そのうちで過ごしていまして、あるお寺の新聞に載っていましたが、「そのうち子供が大きくなったら、そのうち生活が安定したら、そのうち何々…」と、ずっと書いてありまして、そして最後に「そのうちそのうち日が暮れる。今来たこの道帰れない」と、こういう歌がありました。まさにそのうちそのうちと言っているうち、しかし、やり直しはきかないわけです。

そういう「無後心」に立った行為というものは、そのうちそのうちと言っている心で繰り返している行為がどれほど長かろうと、そういうものを打ち砕くだけの重さをもっているということです。

「無間心」は、間雑《けんぞう》しない、間に雑《ま》じりけがない心ということですね。これでいいんだろうか、もっとほかにいい道があるんでないんだろうかと、何かキョロキョロしてしまうようなことがなく、そのこと一つという心です。

「六窓一猿《ろくそういちえん》」という言葉がありまして、六つの窓を持った部屋に一匹の猿が入れられている。つまり六つの窓というのは、眼《げん》・耳《に》・鼻《び》・舌《ぜつ》・身《しん》・意《い》（心）。体全体と心と。私どもはちょうどその六つの窓を持った部屋に閉じ込められている一匹の猿のように、あっちの窓に飛びついたと思うと、またこっちの窓が気になってそっちへと、絶えず移り回っている。そこに見たり聞いたりしたことでまた心を閉ざされたり、執われたりしてしまう。そういうことを譬えて「六窓一猿」と。常に移りづめに移って、定まらない。それに対して「無間心」というのは、このこと一つと、専一《せんいつ》に定まった心、それを「決定心」と、こう言われるわけです。

後がないという心、それから間雑することのない心と。そういう時に初めて、その行為というものが本当の重さを持ってくる。言うならば、もうやり直しのきかないその一瞬にいのちを懸けるというような、何かそういう重さを持ってくる。そこに業の重さは「心に在り、縁に在り、決定に在り」と、曇鸞大師がおさえておられるわけです。

だからそこに業報ということで、いろんな行為はそれぞれの結果を招くのだけど、その中でもっとも結果的に言えば、決定した心、決定した行為のその報いというものが私どもを決定していく。そういうことがそこにあげられるわけです。

この第七章には業報という言葉があるわけですが、「罪悪も業報を感ずることあたわず」というのは、この場合はまさに煩悩具足の凡夫というそのことに、本当に決定している。そこでは、まだ自分でも俺は捨てたもんじゃないとか、自分にも何かまだ道があるのでないかとか、そこに常に心がキョロキョロする。そういう心というものを破って、文字どおり「罪悪深重・煩悩熾盛」の凡夫と、そこに身が据わる時、あらゆる「業報を感ずることあたわず」でありまして、実は業報そのものを生きるということになるわけです。

業報のほかに自分があって業報を感ずると、業報に縛られるんです。私どもは業報というものを外に見ますから、それでなぜこんな目に遭わなければならんのかとか、俺はこんなことをしてきたんだぞとか、いつもその業報を握りしめたり、縛られたりしているわけです。しかし業報そのものに頭が下がった時、「業報を感ずることあたわず」なのです。自分の思いで感じ取るということがあり得ない。逆に文字どおり頭が下がるという、その事実が私の上に起こるということでしょう。

「無碍の一道」を往く

そして、だからこそまた最後に「諸善もおよぶことなきゆえに」とおさえられています。私どもがいまさらにいささかの縁あって、善いことをしたとしても、そのことができたその恩徳を知るのでありまして、決してわが功として、自分の手柄としてそれを握りしめるということはあり得ないと。これは次の第八章に、「非行非善《ひぎょうひぜん》」という言葉で他力ということが出てまいります。

念仏《ねんぶつ》は行者《ぎょうじゃ》のために、非行非善《ひぎょうひぜん》なり。わがはからいにて行《ぎょう》ずるにあらざれば、非行《ひぎょう》という。わがはからいにてつくる善《ぜん》にもあらざれば、非善《ひぜん》という。ひとえに他《た》力《りき》にして、自力《じりき》をはなれたるゆえに、行者《ぎょうじゃ》のためには非行非善《ひぎょうひぜん》なりと云々《うんぬん》

（『歎異抄』第八章・聖典第二版七七〇頁）

こういう言葉が出て、この問題が実は第八章であらためて展開されていくわけです。そういうことをとおして、だからこそ「念仏者は、無碍の一道なり」。つまりすべてが念仏一つに帰らされていく道だということです。

無碍の一道というのはすいすいと歩めるということではありません。念仏申すという心を碍げるものがない、ということです。この世を生きてゆく時には、あらゆる障《さわ》り碍げに遭う。けれども、そのすべてが私を念仏に呼び帰してくださる、そういう呼びかけになり、聞き取られてゆくと。そこに「無碍の一道」という意味があります。何者にもくじけず負けず、あらゆる碍げを蹴散らして歩むという、そういうことでは決してない。逆にそういう碍げにおいて、いよいよ念仏に呼び帰されるということが「無碍の一道」という言葉でおさえられてあると、こう私は受け止めさせていただいています。そのことが続く第八章で「他力」という問題、「他力」「自力」という言葉がここから出てまいりますが、そういう言葉であらためて取り上げられていると、このように見ていいかと思います。

あとがき

本書は、二〇〇二年八月から二〇〇五年十月にかけ、さいたま市において開催された市民公開講座「さいたま親鸞講座」における宮城顗氏の講義内容を基に書籍化したものです。講義は、主催の「さいたま親鸞講座」実行委員会により、『―歎異抄に学ぶ― 今の世にあって真宗とは』『―歎異抄に学ぶ― いのちを懸けて聞きたいことは』『―歎異抄に学ぶ― 人の世にいのちのぬくもりあれ』の三部の講録としてまとめられており、それぞれが本書における章題となっています。また、本書第一章、第二章の冒頭の言葉は、講録第一部、第二部のあとがきに記載された、宮城氏自身の講義にあたってのコメントより抜粋したものです。

講義は、二〇〇五年十月の通算第十二講をもって、宮城氏の体調悪化により終了を余儀なくされ、三年後の二〇〇八年十一月二十一日に氏は命終されました。

二〇〇五年一〇月、重そうな革のバッグが紙袋に変わり、誰の目にも痩せられたことのわかるほどの身体で、講座においでいただきました。お話が進むにつれ、蒼白だった先生の顔色が紅潮していくのを感じました。

と、文字どおりいのちを燃やすように『歎異抄』の講義に臨まれていた宮城氏の様子が、講録（第三部）のあとがきに語られています。

結果的に本書は、『歎異抄』全十八章中、第七章まで触れた所で終えられることとなりました。しかし、私たちの人生における学びとは、一つの仏教書を学び終えて何かしらの解決がつくような底の浅いものではないのでしょう。生きる限りとめどなく生まれてくる問題とどこまでも向き合い、その根本にある〝問い〟を学んでゆく視座を真実の言葉に賜っていく、その聖教の学び方をこそ宮城氏は教えてくださったのでありました。

当時よりはるかにグローバル化や多様性の議論が進む現代にあってなお、分断と対立を煽る言説は止まず、世界から戦火が絶える日もありません。そのような今こそ、自分自身に異なるものを見てゆく「歎異」の姿勢のもと、安易な〝答え〟に立たず、一つひとつの問題から自己を学び続ける学問が必要であると感じます。その決して終わることのない歩み、私たち一人ひとりの往生道の先に、「またお会いしましょう」と、宮城氏は待たれているのではないでしょうか。

最後になりますが、「さいたま親鸞講座」実行委員会の皆様、本書の発行をご快諾くださいました真宗大谷派本福寺ご住職の宮城朗様、そして編集にご尽力くださいました金松俊一様に、心より御礼申しあげます。

二〇二四年十月　東本願寺出版

宮城 顗（みやぎ しずか）

1931（昭和6）年、京都市、真宗大谷派本福寺に生まれる。

1953（昭和28）年、大谷大学卒業。その後、大谷専修学院講師、教学研究所研究員、同所員を歴任。

1967（昭和42）年、本福寺住職となる（～1988年）。

1970（昭和45）年、九州大谷短期大学教授に就任（～1975年）。

1975（昭和50）年、教学研究所副所長に就任。翌年、同所長に就任（～1980年）。

1981（昭和56）年、九州大谷短期大学教授に再任。2001年、同名誉教授に就任。

2002（平成14）年8月、「さいたま親鸞講座（Ⅱ期）」開講（～2005年10月）。

2008（平成20）年11月21日、逝去。法名、聞信院釋智雄。


〈主な著書〉

『本願に生きる』、『仏道に生きる』、『和讃に学ぶ―浄土和讃・高僧和讃・正像末和讃』（全3巻）、『真宗の基礎』、『生と死』、『地獄と極楽』、『浄土真宗の教え』（以上、東本願寺出版）、『正信念仏偈講義』（全5巻）、『宮城顗選集』（全17巻）（以上、法藏館）等多数。

歎異抄《たんにしょう》に何《なに》を学《まな》ぶのか

2024（令和6）年12月28日　第1刷　発行

著　者　宮城　顗
発行者　木越　渉
発行所　東本願寺出版（真宗大谷派宗務所出版部）
〒600-8505　京都市下京区烏丸通七条上る
TEL　075-371-9189（販売）
075-371-5099（編集）
FAX　075-371-9211
印刷・製本　シナノ書籍印刷株式会社
組　版　梁川智子
装　幀　浜口彰子
ISBN978-4-8341-0694-7　C0015